AF467595

LE TOUR DU MONDE

EN
ASIE MINEURE

SOUVENIRS DE VOYAGES
EN CAPPADOCE ET EN CILICIE

PAR

Mme B. CHANTRE

PARIS
LIBRAIRIE HACHETTE ET Cie
79, BOULEVARD SAINT-GERMAIN, 79
LONDRES, 18, KING WILLIAM STREET, STRAND

1896-1898

LE TOUR DU MONDE

EN ASIE MINEURE

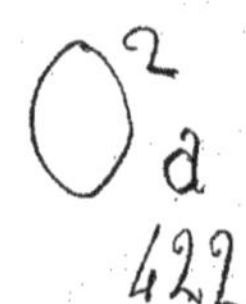

LE TOUR DU MONDE

EN

ASIE MINEURE

SOUVENIRS DE VOYAGES

EN CAPPADOCE ET EN CILICIE

PAR

Mme B. CHANTRE

PARIS
LIBRAIRIE HACHETTE ET Cie
79, BOULEVARD SAINT-GERMAIN, 79
LONDRES, 18, KING WILLIAM STREET, STRAND
—
1896-1898

ARNAOUT-KEUI. — DESSIN DE BOUDIER, PHOTOGRAPHIE SÉBAH ET JOAILLIER, À CONSTANTINOPLE.

EN ASIE MINEURE[1],

SOUVENIRS DE VOYAGE EN CAPPADOCE,

PAR Mme B. CHANTRE.

But du voyage. — Préparatifs. — L'interprète Mitcho. — Départ de Constantinople. — Chemin de fer de Haïdar-Pacha à Angora. Orage. — Eski-Chehr. — Arrivée à Angora.

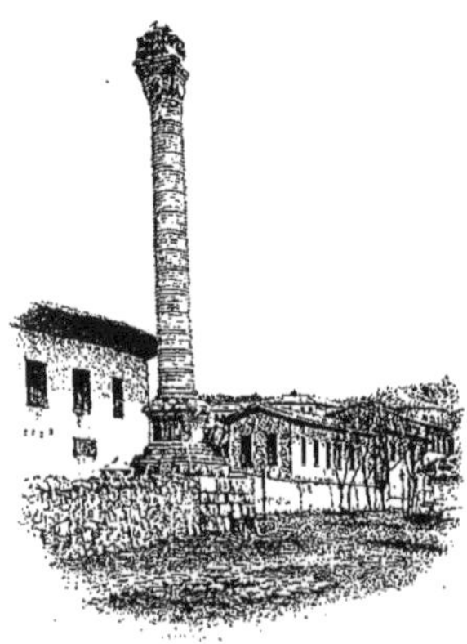

COLONNE TRIOMPHALE À ANGORA (PAGE 413). DESSIN DE BOUDIER, PHOTOGRAPHIE BERGGREN, À CONSTANTINOPLE.

M. le Ministre de l'Instruction publique ayant chargé M. Chantre d'une nouvelle mission archéologique et anthropologique en Asie Mineure et spécialement en Cappadoce et en Cilicie, le voyage entrepris dans ce but s'est effectué en deux années (1893-1894). Six mois ont été consacrés chaque fois, d'avril à septembre, à ces recherches.

Grâce à l'appui bienveillant du gouvernement turc, nous quittions Constantinople, le 14 mai 1893, munis de nos lettres de recommandation. Celles-ci, pour s'être fait longtemps attendre, ne devaient pas moins nous ouvrir les routes de Turquie, et nous permettre d'accomplir notre mission sans encombre. Ces facilités nous furent gracieusement octroyées par l'intermédiaire de S. E. Hamdy-Bey, directeur du Musée impérial de Constantinople, que nous sommes heureux de remercier ici. Voyageant avec tentes et chevaux, il nous fallait un homme très habitué aux choses et aux gens du pays, comme chef de caravane et interprète. Ce n'est qu'à la dernière heure que nous avons fini par trouver cet article rare en Turquie que l'on appelle un bon drogman. Il se présenta dans la personne d'un Croate, Michel Swietkovitch, dit Mitcho, grand gaillard à longues moustaches tombantes, carré des épaules, parlant mal toutes les langues, mais qui nous plut, dès le premier abord, malgré sa mine rébarbative. Les ingénieurs de la Compagnie Vitalis qui ont exécuté des travaux de chemin de fer, tant en Turquie d'Europe qu'en Turquie d'Asie, connaissent tous plus ou moins Mitcho, et ce fut sur la recommandation de l'un d'eux que nous l'engageâmes au moment même où il débarquait, fourbu, d'une tournée en Anatolie. Nous ne

1. *Voyage exécuté en 1893. — Texte et dessins inédits.*

fûmes pas longtemps avant d'apprécier notre acquisition, car il était aisé de voir que sous la rude écorce de notre compagnon battait un cœur honnête et dévoué.

C'est donc en compagnie de Mitcho et de notre gros bagage : sellerie, cuisine, tentes, matériel de photographie et d'estampage, que nous prenions au grand pont de Galata, le matin du 14 mai 1893, le bateau qui devait nous faire faire la traversée de quelques minutes qui sépare Stamboul de Haïdar-Pacha, tête de ligne du chemin de fer reliant aujourd'hui Angora au Bosphore. Les rives enchanteresses de celui-ci captivent nos regards jusqu'à la dernière minute. Enfin je dis adieu à leurs blancs villages encore baignés dans la brume du matin, et résolument j'en détourne mes yeux pour ne plus voir que la côte asiatique que nous allons bientôt toucher.

Autrefois on mettait huit jours pour aller à Angora en caravane : aujourd'hui, grâce au chemin de fer, on n'en met plus que deux, et l'on n'en mettrait même qu'un seul si le train marchait la nuit. Mais, à cause soit du peu de sécurité du pays traversé, fort désert en grande partie, soit de la mauvaise qualité du terrain sur lequel repose la voie, on ne circule que le jour. Le train s'arrête à Eski-Chehr, à peu près à mi-chemin, et y reste la nuit. Je ferai, en passant, une critique, c'est que la Compagnie, dont les prix sont pourtant fort élevés, donne aux voyageurs de première classe des voitures absolument dépourvues de tout confort : c'est indigne des rares touristes, qui payent pour eux seuls et leurs bagages autant que toutes les autres classes réunies.

Route suivie par M. CHANTRE en Asie Mineure

La voie longe la côte jusqu'à Ismid. Rapidement défile devant nous la station d'Eren-Keui, dont le vin est justement apprécié. La côte, admirablement cultivée, présente partout des villas turques et européennes, bâties dans de charmants parcs minuscules, près desquels se voient des jardins fruitiers et maraîchers, des vignes, des plantations d'oliviers. La végétation est encore peu avancée, mais le sol est fertile et les récoltes belles. Les produits seront, grâce au chemin de fer, vite transportés à Stamboul, qui a, comme Paris, un estomac insatiable.

Ismid et sa baie charmante se présentent; puis le lac de Sabandja, long et bordé de marécages, pleins de roseaux tristes. Dès lors on perd de vue la mer, que des collines très boisées remplacent. Une végétation exubérante et quelque peu marécageuse donne à ce pays l'aspect d'un coin de la Mingrélie, ressemblance rendue plus frappante encore par la présence de nombreux villages d'émigrés tcherkesses et lazes en costume national. Le paysage s'agrandit et devient vraiment beau avec la vallée du grand fleuve phrygien, le Sakkaria ou Sangarius des Anciens, magnifique rivière que longe la voie ferrée pendant quelque temps. Il roule avec fracas ses eaux, grossies par les orages. On le perd bientôt de vue, son cours prenant la direction du nord, et à partir de la station de Vezir-Kan, le train s'engage dans une gorge étroite, sauvage et merveilleuse, dans laquelle le Kara-Sou, véritable torrent, bondit avec violence. A partir de ce point une pluie diluvienne accompagne désormais notre passage. La voie, très à pic, menace de s'effondrer sous le lavage des eaux du ciel; le tonnerre gronde, et le mécanicien ralentit l'allure du train, qui n'avance plus qu'avec une extrême prudence. Entre les hautes parois de rochers, le torrent et le tonnerre font rage. Ce bruit, joint aux éclairs qui rayent sans interruption l'obscurité de la gorge, nous donne fort à penser....

De nombreux ponts en fer franchissent hardiment la rivière. L'un d'entre eux, le viaduc de Bach-Keui, d'une longueur de 137 mètres, est un des plus beaux travaux d'art de la ligne. Un autre encore se présente, sur lequel, à notre grande surprise, s'arrête le train, près du tunnel de Kara-Keui. Fort émus, les voyageurs se précipitent aux portières. Un éboulement, à quelques centaines de mètres de là, s'est produit sur la voie, et il faut attendre qu'on l'ait déblayée. Cette opération ne demande pas moins de deux mortelles heures. Le train reprend sa marche d'escargot, et nous nous blottissons dans les coins, énervés de ne voir partout que ruissellements d'eau et d'entendre les pierres éboulées tomber sur la toiture des wagons. Le convoi, ayant un retard énorme, et ne pouvant atteindre ce soir Eski-Chehr, on s'arrêtera la nuit à In-Eunu, misérable station, entièrement sous l'eau. Après avoir passé une fort mauvaise nuit dans notre voiture, nous apprenons au réveil que l'ouragan a emporté une partie des fils télégraphiques et qu'un autre grand éboulement s'est produit : environ 800 mètres cubes de remblais encombrent la voie, non loin du tunnel où s'était déjà produit l'accident de la veille. Notre malheur n'avait été, en somme, qu'un demi-mal, car après le passage de notre train le service fut interrompu pour longtemps, de grands travaux ayant dû être exécutés dans la partie endommagée de la voie ferrée.

VIADUC DE BACH-KEUI.

GORGE DU SAKKARIA. — DESSIN DE BOUDIER, PHOTOGRAPHIE BERGGREN, À CONSTANTINOPLE.

Une journée passée à In-Eunu met notre patience à bout, et nous nous décidons à gagner, sans nos bagages, Eski-Chehr, par le seul mode de locomotion possible, c'est-à-dire en draisine, non sans avoir, par lettre, dégagé la responsabilité du chef de gare ! C'est dans ce pittoresque équipage que nous disons, sans regret, adieu à notre station et que nous traversons le plateau arrosé par le Sari-Sou (800 mètres d'altitude) et inondé de tous côtés. Le paysage n'offre aux regards qu'une vaste nappe liquide ; le ballast ayant été emporté, les rails baignent dans l'eau. Nous arrivons dans la soirée à Eski-Chehr, enchantés de trouver un gîte confortable à l'hôtel de la gare.

La ville d'Eski-Chehr, ancienne *Dorylæum*, est située sur la rive orientale du Thymbrius, le plus grand affluent du Sangarius. Sa fondation remonte aux dynasties phrygiennes : Pline, Ptolémée la citent. Pendant la période byzantine, qui fut sa plus brillante époque, les empereurs en avaient fait un lieu de plaisance. Des bains, des palais, y furent élevés. Mais l'arrivée des hordes turques mit fin à cet heureux état de choses : la ville, saccagée de fond en comble, tomba aux mains des Barbares. En 1097, les croisés, sous le commandement de Godefroy de Bouillon, remportèrent à Dorylée une grande victoire.

Eski-Chehr, construite en amphithéâtre, se compose actuellement de deux quartiers : la ville ancienne turque, bâtie dans la partie haute, et la ville basse moderne, qui se prolonge jusqu'à la voie ferrée. Celle-ci, bien que créée d'hier et renfermant plus de baraques en planches que de vraies maisons, prendra un développement rapide et deviendra une importante tête de ligne lorsque l'embranchement sur Kiutahyeh sera terminé. Une population très mêlée s'y agite : émigrants de la Russie et de la Turquie d'Europe, Italiens, Allemands, etc. Le chemin de fer y apporte une vie étonnante, bien plus active qu'à Angora.

Les quartiers exclusivement turcs, avec leurs rues presque désertes, silencieuses, et leurs vieilles maisons aux grillages de bois vermoulus, font un vif contraste avec cette activité de la ville basse. Quelques mosquées, un bazar assez animé, mais rien d'intéressant dans Eski-Chehr. Une exploitation de terre à foulon (écume de mer) se trouve dans son voisinage.

Arrivé le soir, en dépit du mauvais état de la ligne, le train nous emportait le lendemain matin vers Angora. La voie continue de courir sur un plateau bordé de collines, dont l'altitude varie entre 700 et 800 mètres. Partout l'inondation est générale. Le pays est pelé, nu. Aucun arbre n'est visible. Quand les eaux se seront retirées, des blés, des seigles, couvriront ces vastes steppes. En ce moment, on ne voit guère dans la plaine marécageuse que des vols de cigognes, qui y vivent en grande multitude. A la station de Sari-Keui, j'aperçois les premiers troupeaux de chèvres mohair, dont le poil soyeux, appelé *tiftik*, est un des principaux produits du pays.

Durant la grande journée qui sépare Eski-Chehr d'Angora, le voyageur ne doit compter sur aucune station pour se ravitailler. Il faut emporter avec soi quelques vivres, si l'on ne veut pas souffrir de la faim. Après la station de Melli-Khan, on entre dans la vallée de l'Enguri-Sou. A 7 heures du soir nous apparaît enfin la ville d'Angora, l'antique et puissante Ancyre, métropole des Galates, bâtie en amphithéâtre sur les flancs de rochers abrupts. Elle offre, de loin, un ensemble important de maisons de pierre, qui apparaissent à nos regards, avec une dureté de tons quelque peu farouche, sous un amoncellement de gros nuages noirs teintés de pourpre par le soleil couchant. De végétation, nulle trace. Des ruines, des cimetières immenses, me causent une première impression de mélancolie intense.

VUES D'ANGORA. — DESSIN DE BOUDIER.

Nous nous faisons conduire chez le docteur Bonkovsky-Bey, médecin sanitaire du vilayet, à qui nous sommes recommandés, et dont la maison hospitalière est bien connue de tous les étrangers allant à Angora, notamment des Français. Le docteur nous fait précisément un accueil courtois et affable, dont nous lui garderons toujours une vive reconnaissance, et il nous installe chez lui. Malheureusement, dès la première nuit, je vois qu'il n'est guère plus facile de dormir à Angora qu'à Constantinople. Les hurlements des chiens sont entremêlés de stridents coups de sifflet que les veilleurs de nuit se renvoient d'un quartier à l'autre. Ce n'est plus le lourd bâton des gardiens de Constantinople qui effraye les voleurs, mais l'un et l'autre se valent pour tenir en éveil les malheureux qui n'aspirent qu'à dormir

LE TEMPLE D'AUGUSTE À ANGORA (PAGE 414). — DESSIN DE BOUDIER.

Angora antique et moderne.

Il n'existe sur la fondation d'Ancyre que des données plus ou moins fabuleuses. Pausanias l'attribue à Midas, fils de Gordius. L'ancre qui servait d'emblème à Ancyre était, au contraire, suivant Apollonius, une de celles que les Gaulois avaient emportées lors de leur victoire sur la flotte égyptienne, envoyée contre eux par Ptolémée lorsqu'ils firent leur apparition en Asie. Alexandre le Grand reçut devant Ancyre une députation des Paphlagoniens. Plus tard cette même cité fut soumise à Antiochus III, qui eut les Galates pour auxiliaires à la bataille de Magnésie. C'est à l'occasion de la campagne de Manlius que les historiens mentionnent Ancyre pour la première fois. Strabon en parle comme d'une forteresse des Galates. Le pays suit désormais la fortune des Romains. Le royaume de Galatie est donné par Pompée à Déjotarus; puis la ville est réunie à la Lycaonie. La tétrarchie des Galates avait alors pour cités principales : Tavium, Pessinunte et Ancyre. Devenue capitale romaine, celle-ci reçut le nom de Sébaste, en l'honneur de l'empereur Auguste; puis, sous Néron, elle obtint le titre de métropole, et ses habitants prirent le nom de « Tectosages Augustaux ». Les Romains ornèrent avec soin Ancyre, devenue une cité forte et superbe. L'acropole, qui, avant eux, occupait seulement le sommet de la colline volcanique, fut agrandie, ses murailles prolongées jusqu'à la plaine, et les hauts quartiers transformés en une vaste citadelle, dans laquelle, au moyen âge, les chrétiens bâtirent l'église de Saint-Clément que l'on y voit encore. Cette citadelle a passé, à juste titre, pour une des plus formidables de l'Asie Mineure. Un empereur, Jovien, y prit la pourpre impériale, et Julien y fut traité avec de grands honneurs. C'est à ce dernier que l'on croit pouvoir attribuer la colonne triomphale qui se voit encore dans la partie basse d'Angora.

L'histoire de cette antique cité est, en somme, des plus tourmentées. Deux conciles s'y tinrent, en 314 et en 358. Sous Héraclius, elle devient la proie de Khosroès, puis elle tombe sous les coups des Arabes jusqu'au moment où les Seldjoukides veulent, à leur tour, s'emparer de cette proie tentante. S'il faut en croire les historiens, elle aurait appartenu momentanément à Bohémond, à l'époque des Croisades. C'est avec Mourad, en 1362, que prennent fin ces déchirements. Mais l'infortunée cité ne devait pas goûter longtemps la paix. En 1402, elle tombe aux mains des Mongols, qui la gardent peu de temps, il est vrai, car avec Mohamed Ier son sort se décide : elle appartient définitivement aux Turcs. En 1838, elle fut pourtant, pendant six mois, au pouvoir du fameux pacha d'Égypte révolté contre le sultan Mehemet Ali.

De la brillante cité romaine il ne reste, hélas! que des ruines. Le sol, riche en belles médailles, renferme nombre d'antiquités, telles que des mosaïques, des bijoux, des vases élégants, et chaque jour amène de nouvelles découvertes. Mais c'est surtout dans les murs des maisons modernes que se voient les derniers vestiges de l'Ancyre païenne, sous forme d'innombrables fragments d'inscriptions et de sculptures. Le plus remarquable et en même temps le plus précieux de tous ces souvenirs de l'époque romaine est l'*Augusteum*, temple élevé à l'empereur Auguste et à la déesse Rome. Il est malheureusement encastré dans des maisons modernes, notamment la mosquée d'Hadji-Baïram, appuyée sur un de ses côtés. Cet édifice atteste à quel point l'art s'était élevé, en un espace de temps si court, dans la capitale des Galates. Le goût qui a présidé à la construction et à l'ornementation de ce temple est tel, qu'il doit être regardé comme un des chefs-d'œuvre de l'art romain. Suivant la disposition adoptée pour les édifices religieux de grand style, le temple d'Ancyre était hexastyle et périptère. Un pronaos s'ouvrait en avant de la cella par une grande et belle porte encore debout. Des fêtes furent données par les princes galates lors de la consécration de l'Augusteum, et à cette occasion une copie du testament d'Auguste, en latin et en grec, fut inscrite sur les murs du pronaos. Ce testament, écrit par Auguste lui-même, lorsqu'il avait soixante-seize ans, est « le résumé de ses actions, le précis de son règne ». C'est à M. Perrot que l'on doit la transcription fidèle de ce monument historique si important, dont on ne possédait, avant lui, que des copies hâtives et incomplètes. Il ne reste plus que les murs portant ces inscriptions et la porte de l'Augusteum, et c'est aussi, grâce à l'intervention de la mission Perrot, Guillaume et Delbet, que ces restes ont été sauvés de la déprédation des Turcs, qui venaient chercher, il y a peu de temps encore, dans le temple d'Auguste des matériaux pour construire leurs maisons! On a pris même, dernièrement, des mesures pour fermer tout à fait l'accès de ces ruines, que l'on ne peut plus visiter sans être accompagné par le gardien de la mosquée, dont elles font partie. Un petit cimetière turc occupe le centre du pronaos, et, avec les vieux imams couchés là, les seuls habitants de l'Augusteum sont des familles de cigognes dont les gros nids couronnent ces vénérables murailles.

GARDIEN DU TESTAMENT D'AUGUSTE. DESSIN DE GOTORBE.

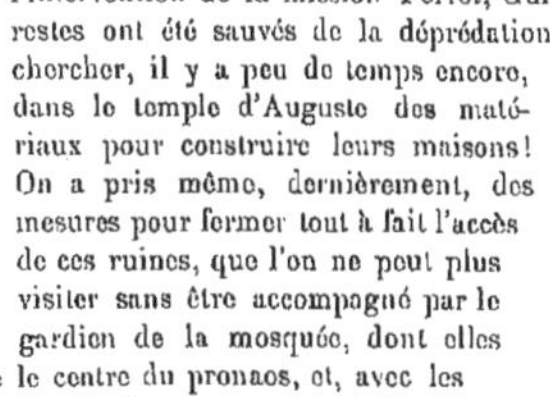

MARCHAND DE PAIN À ANGORA. — DESSIN DE BOUDIER.

Après cette visite, c'est la forteresse qui sollicite l'attention du nouvel arrivé dans les murs d'Angora. Mais il faut, pour l'atteindre, gravir la colline abrupte, et cela par des rues fort malaisées, pavées de cailloux pointus, et dans lesquelles les voitures ne peuvent circuler. Seuls des cavaliers, aux montures rapides, vont et viennent dans ce labyrinthe. Bien que cette ascension soit fort pénible, on a du moins l'avantage, en l'accomplissant, de faire connaissance avec une bonne partie de la ville. Les rues sont généralement étroites dans les vieux quartiers, tellement étroites que l'on peut se toucher la main d'une fenêtre à l'autre, celles-ci étant, à la mode orientale, en grand surplomb sur la rue. On dit qu'à l'époque où les chrétiens étaient sans cesse menacés, ils avaient pris cette habitude de rapprocher leurs demeures de façon à se prêter aide et assistance au moindre appel. Quoi qu'il en soit, ces ruelles grossièrement pavées, sombres et tortueuses autant qu'étroites, donnent un aspect si triste à la ville d'Angora, déjà peu favorisée par la nature, que l'on s'y sent vite gagné par la mélancolie.

FEMMES CHRÉTIENNES D'ANGORA (PAGE 416). DESSIN DE GOTORBE.

MURAILLES D'ANGORA. — D'APRÈS UNE PHOTOGRAPHIE.

CHÈVRE D'ANGORA. — DESSIN DE MAHLER.

Peu de monde circule dans ce dédale que nous suivons pour aller à la forteresse. Çà et là une ombre blanche, une Arménienne ou une Grecque enveloppées dans le grand drap (*tchartchaf*), qui les fait ressembler à des nonnes. Ce long suaire, serré sous le menton, encadre sévèrement le visage, souvent fort beau, des chrétiennes. Elles se voilaient autrefois la figure, tout comme les musulmanes. Mais, peu à peu, cet usage s'est perdu. Elles sortent à visage découvert; toutefois, les plus hardies, les plus coquettes, celles qui ont été élevées dans un pensionnat de Constantinople, n'osent pas encore quitter tout à fait leur *tcharf* pour arborer un chapeau. D'ailleurs le costume y perdrait, et le voile bien ajusté sera toujours plus gracieux.

Jadis la ville était enfermée dans la forteresse, dont les murs épais l'enserraient et la gardaient des attaques. Bâties et reconstruites plusieurs fois, ces murailles flanquées de tours sont composées d'éléments divers dans lesquels entrent des fragments de colonnes, des chapiteaux, des frises, des sarcophages dont les styles et les inscriptions disent l'histoire de cette rude place forte. Là, du moins, la voie faite par les Romains offre encore ces dallages que les siècles ne disjoignent pas. Il y a eu ici plusieurs temples, des palais, car des morceaux de colonnades encore en place témoignent de la présence de luxueux édifices. Le quartier en ruine, renfermé à l'intérieur de cette forteresse, est habité actuellement par les émigrés étrangers, appelées dans le pays *mohadjir*.

Les tours rondes qui flanquent les murailles de la citadelle ont été récemment peintes en rouge! Cette ocre est d'un effet stupéfiant. Tout en haut, à l'endroit où se voit une sorte de construction sur laquelle les insignes impériales flamboient dans un non moins surprenant barbouillage de rouge et de bleu, se trouve un lion sur un socle, en assez bon état. A notre arrivée, un gamin ébouriffé, tsigane aux yeux brillants, était à califourchon sur le lion de marbre, dont il tenait la crinière frisée dans sa petite main, en riant aux éclats. De ce point, on jouit d'une vue étendue sur la plaine arrosée par l'Enguri-Sou.

J'ai dit déjà quelle impression de tristesse se dégage des rues, des maisons, du bazar même d'Angora. Ceux à qui j'en ai fait la remarque m'ont répondu que les choses allaient ainsi depuis que le commerce du poil de chèvre était perdu en grande partie : le fameux *tiftik*, si long, si soyeux, qui fut longtemps l'unique richesse du pays. Autrefois on cordait et on filait le tiftik à Angora. Ce qui n'était pas exporté, servait sur place à tisser des étoffes extrêmement recherchées (*chali* et *sof*), si bien que l'on suffisait à peine à satisfaire aux demandes du dehors. Aujourd'hui il n'existe plus une seule filature. Des chèvres d'Angora, achetées à prix fous par des colons du Cap de Bonne-Espérance, ont multiplié si bien, et donné un résultat tellement magnifique, que le monopole de ce produit a été désormais perdu. Mais ce qui caractérise les Angoriotes, c'est que, ruinés en partie par la perte de l'industrie du tiftik, ils n'ont jamais songé à faire autre chose, à se vouer, par exemple, à certaines industries rares dans le pays. Ils restent plongés dans une telle apathie que la misère est grande parmi eux, rendue plus cruelle encore par les rigueurs d'un climat pourtant sain.

A cette décadence des affaires correspond une diminution de la population. Des 40 000 à 50 000 habitants que possédait Angora au commencement du siècle, il n'en reste plus aujourd'hui que 28 000, et dans ce chiffre, les musulmans entrent pour près de 18 000. Les Grecs orthodoxes n'y figurent qu'au nombre de 2 700 individus. Quant aux Arméniens, tant grégoriens que catholiques et protestants, ils atteignent à peine le chiffre de 8 000, et les Israélites celui de 400. Mais, espérons-le, le chemin de fer, puis la création récente d'écoles parfaitement dirigées par des Frères de la doctrine chrétienne et des religieuses arméniennes, dont quelques-unes sont venues faire leurs études en France, auront une heureuse influence sur la nouvelle génération. C'est à l'initiative éclairée d'un homme de cœur et de grande intelligence, Mgr Ohannès Ohannessiantz, que la création de ces écoles est due, ainsi qu'à l'appui, toujours assuré pour tout ce qui touche à la propagation de l'influence française en Orient, de notre sympathique ambassadeur, M. Cambon. C'est là de très bon travail, et nous avons été fiers de constater combien les résultats en sont satisfaisants. La nécessité d'un représentant de France se faisait vivement sentir à Angora; l'Angleterre en avait un et il était fort à désirer que nous y eussions aussi un poste consulaire. Ce vœu s'est accompli vers la fin de 1894 : M. Guillois a été nommé vice-consul, à la grande satisfaction de tous les Français qui ont parcouru le pays.

On ne connaîtrait pas bien Angora, que les Turcs appellent *Enguru*, si l'on n'avait fait une promenade dans ce que les Angoriotes appellent avec fierté leurs « vignes ». Ce sont les campagnes où ils se réfugient en été, loin de la ville, dont les rues deviennent des fournaises. Ces vignes sont situées sur les collines des environs. La végétation arborescente, à part les arbres fruitiers, y est assez rare, et seul le bon air pur que l'on y respire justifie l'attrait qu'elles ont pour les habitants. Toutefois, si le pays est assez déshérité sous plus d'un rapport, il a de belles eaux potables et d'excellents fruits. Les pommes d'Angora jouissent d'une grande renommée, ainsi que son miel d'une blancheur de neige.

CHÈVRE D'ANGORA. — DESSIN DE MAHLER.

Une promenade à cheval autour des collines qui portent Angora, est intéressante, parce qu'elle permet d'envisager la ville sous ses divers aspects. Et c'est encore la meilleure manière de la voir, avec ses lignes de murailles antiques, sa forteresse altière, ses quartiers accrochés au rocher en pente. Par un beau coucher de soleil, la masse tourmentée qui constitue la colline d'Angora n'est pas sans grandeur. Les nombreux cimetières chrétiens, juifs, musulmans qui s'étalent à ses pieds, avec leurs innombrables débris païens : sculptures, colonnes, stèles qui en font les pierres funéraires, sont pleins d'enseignements sur le néant des choses d'ici-bas. Les maîtres d'aujourd'hui, mille fois plus barbares que ceux des âges antiques, ont pris à tâche d'effacer ce que le temps avait respecté des œuvres écloses pendant l'époque romaine. L'ignorance, le parti pris d'étouffer tout ce qui ne fut pas œuvre de l'Islam, fait qu'en cette terre d'Asie Mineure les ruines s'entassent; les premiers occupants du sol s'en vont au loin tenter fortune, s'ils le peuvent, ou bien végètent tristement, dans l'espoir d'un avenir meilleur. La tristesse est dans l'air. Elle vous gagne vite, et ne vous quitte pas facilement, car on sent que tout le monde souffre autour de soi et que la maladie est dans sa période désespérée. Les troubles récents dont l'Anatolie a été le théâtre et qui ont fait couler à flots le sang des chrétiens ne sont venus que trop justifier ce malaise précurseur qui m'avait tant frappée à mon arrivée en Asie turque.

Le lundi de Pentecôte a lieu ici une procession intéressante. C'est une des fêtes arméniennes importantes de l'année. Aussi, assise à la fenêtre d'une petite maison de bois qui donne sur la cour même de l'église de Saint-Clément, j'assiste à la cérémonie. Le temps est gros d'orage, l'église, la cour, regorgent de monde; les rues mêmes aux alentours sont encombrées au point que l'on n'y peut circuler. Hommes et femmes sont séparés, à l'église comme à la mosquée. Les femmes qui n'ont pu prendre place à l'intérieur sont groupées autour de la porte, les unes agenouillées, les autres assises sur leur *minder*, c'est-à-dire sur le coussin que toute chrétienne d'Orient porte avec elle quand elle va à l'office. Leurs grands voiles voltigent, s'agitent en tous sens, à peu près de la même façon que les pensées, peu profondes, des têtes qu'ils recouvrent. Nonchalantes, alanguies, l'esprit borné, ignorantes, plus curieuses que dévotes, ces femmes du peuple qui se bourrent de bonbons, de fèves grillées, en attendant la sortie de la procession, ressemblent à un troupeau d'enfants dont le corps seul s'est développé, mais dont l'intelligence est restée rudimentaire. Leur babillage d'oiseaux ne roule que sur des commérages : rien de sérieux au fond. Après un office d'une longueur interminable, une poussée extérieure annonce la sortie prochaine du cortège. En effet, les enfants de chœur apparaissent, chargés de corbeilles de fleurs, et des cierges en main. Le clergé arménien, en grand costume, suit. Une longue théorie de prêtres revêtus de somptueux brocarts d'or et d'argent, d'étoffes anciennes d'un aspect magnifique, précède Mgr Ohannessiantz, qui s'avance, sous un dais de soie rose. Grand, très jeune encore, de taille athlétique,

PONT SUR LE KYZYL-IRMAK (PAGE 420.) — DESSIN DE TAYLOR

Mgr Ohannessiantz, dans ses vêtements de soie pâle brodée, marche, tenant en mains le Saint Sacrement. A ce moment, la procession est vraiment belle. Les figures régulières, encadrées de longues barbes, des prêtres donnent à cette cérémonie un cachet viril imposant, avec une note mélancolique apportée par la musique orientale où dominent les sons plaintifs de la flûte. Les enfants de chœur jettent leurs herbes fleuries et embaumées sur le passage du saint cortège. Le trajet qu'il doit parcourir est fort court : pourtant, lorsqu'il réapparaît, Monseigneur, qui récite le *De profundis*, semble très las. Des paroles entrecoupées s'échappent de ses lèvres ; la sueur perle sur son front. On sent que le jeûne qu'il a observé et la fatigue d'un service très long ont épuisé ses forces. D'ailleurs, dans quelques minutes tout sera terminé. Les étoffes éclatantes des vêtements sacerdotaux s'engouffrent dans l'église sombre, la musique lente et triste cesse peu à peu, les psalmodies vont en s'étouffant. C'est fini. Les femmes se relèvent, les voiles s'agitent de plus belle ; on s'en va en hâte, car du ciel assombri tombe soudain une grosse averse printanière qui roule avec bruit sur les pavés des rues en pente.

Outre ses dix-huit mosquées plus ou moins en ruine, Angora possède un *tekké* de derviches tourneurs (*mevléré*), et quelques autres de moindre importance. Nous nous rendîmes avec quelques personnes d'Angora à la cérémonie du vendredi, car je désirais voir ces fameux valseurs. Le tekké est, bien entendu, en plein quartier musulman, tout en haut de la ville. On nous fit bon accueil dans la petite mosquée, déjà pleine de Turcs. On nous apporta des chaises, et nous prîmes place au milieu d'un groupe de guenilleux et de vermineux, dont la vue seule nous causa de terribles démangeaisons.

Le chef des derviches entra alors. Un tout petit homme, entre deux âges, à yeux bridés et malins de dieu hindou. Il fit un très grand nombre de prières, de salutations profondes, aux quatre points cardinaux, puis il alla s'accroupir sur un tapis qui lui est réservé, et se tint là dans l'attitude d'un homme qui lit sur ses mains quelque mystérieuse révélation. Pendant ce temps, les derviches, en bonnet de feutre pointu, en robes fanées, défilaient devant le petit prêtre immobile, le saluaient, puis faisaient un certain nombre de tours dans l'espace qui leur est réservé au centre de l'édifice, et qu'une cloison de bois ajouré sépare du public. D'une loge élevée et ouverte, une mauvaise musique asiatique, tout à la fois criarde, nasillarde et ronronnante, donna ensuite le signal de la danse. Les derviches se levèrent, et le mouvement de rotation commença, jupes en cloche, bras en croix. Sur les huit, l'un était si pâle, qu'il semblait près de s'évanouir. Un autre était si vieux, si ridé, si raidi, que ses pauvres jambes n'avançaient guère, quoi qu'il fît pour se donner de l'élan. Il tournait lentement, lentement, et c'était peine de le voir. Il fut pourtant un de ceux qui allèrent jusqu'au bout, sans grande fatigue, apparente, du moins. De là, je sortis sans autre impression que celle d'un spectacle, d'une comédie, à voir une fois. Rien n'y éveille la pensée de Dieu.

Une des rares excursions à faire à Angora, c'est une visite à un vieux monastère arménien, situé à 5 kilomètres environ de la ville. On y voit une église fort ancienne, ornée à l'intérieur de vieilles faïences de Kiutayeh d'un bel effet, et d'un certain intérêt. Les promenades sont rares ici, en effet, et la plus attrayante pour les habitants est celle de la gare. Quand le temps est beau, la route qui y mène s'encombre, à partir de 6 heures du soir, de promeneurs, piétons et cavaliers. Ce long panache noir de fumée qui annonce au loin le train est salué toujours avec joie. Celui-ci arrive. Il en sort des amis, des parents, des paquets innombrables, des journaux, des revues, des machines agricoles, des pianos, que sais-je encore ! Tous les bienfaits, toutes es douceurs qu'un chemin de fer apporte dans un pays jadis éloigné de la capitale par de longues journées de caravane.

LESSIVE À BAKAL (PAGE 420). — DESSIN DE BOUDIER.

Le Kyzyl-Irmak. — Euyuk.

Nos préparatifs étant achevés, nous disons adieu à notre excellent ami Boukovsky-Bey, et de grand matin nous sautons en selle et prenons la tête de la caravane.

Le vali d'Angora, qui était alors S. E. Abeddin-Pacha, nous avait donné comme escorte deux zaptiés de confiance, Hassan et Mehemet, et une lettre d'introduction (*bouvouroulrlou*) pour les autorités locales de son vilayet. Quant à notre chef de caravane, le sieur Hadji-Mehemet, il nous trompa dès le premier jour, et fut notre plus mauvaise acquisition.

C'est avec une joie véritable que je me retrouve à cheval, humant l'air à pleins poumons dans cette terre d'Asie si attrayante, même nue et aride, à tous ceux qui ont dormi sous son ciel. Loin de nous la vie des cités d'Europe, factice, dévorante, décevante! Venus pour arracher à ces plaines, à ces monts, quelques-uns de leurs secrets, nous y vivrons, comme les pasteurs, du produit des troupeaux, du miel exquis des abeilles, des fruits des arbres, de l'eau pure des sources, et si, par hasard, le régime nous paraissait parfois sévère, de prévoyantes réserves ont été empilées dans nos caisses. Nous pouvons être sans crainte, les vivres ne nous feront pas défaut. Le couvert nous est assuré par nos tentes, grandes et confortables, logis préféré à tous les autres. Les brigands? Nos fusils, nos revolvers, les tiendront, je l'espère, à distance.

PAYSAGE ANATOLIEN. — DESSIN DE BOUDIER.

La caravane a pris la route de Césarée. Pendant deux heures nous franchissons les collines verdoyantes d'Angora, où paissent des milliers de jolies chèvres mohair. Quel pinceau pourrait rendre la beauté de la toison de soie blanche longue et bouclée, des pieds mignons qui semblent bottés, du nez rose et des yeux d'or de la chèvre d'Angora? Je ne connais rien de plus séduisant, de plus ravissant que ce capricieux animal.

Devant nous se déroule un paysage dénudé, légèrement vallonné, avec un fond de montagnes superposées dans une magnifique gradation. C'est vers ces hauteurs, encore couvertes de neige, et qui marquent au sud-est la région de Césarée et le massif de l'Argée, que nous allons nous acheminer. En quatre jours nous atteignons le Kyzyl-Irmak, en faisant des étapes assez courtes au début. Nous campons dans de pauvres villages de pasteurs, arméniens ou turcs, peu différents d'aspect, en suivant de petites vallées et des vallons vierges de toute civilisation antique ou moderne. Il en sera ainsi probablement longtemps encore, car les communications avec les villes sont fort difficiles, faute de chemins, et la vie pastorale s'est de tous temps réfugiée sur ces plateaux sauvages et peu fertiles. La population elle-même, trop faible pour l'étendue du pays, est peu apprivoisée avec les voyageurs. Tel village enfoui, perdu, dans un repli de vallée, inconnu des géographes, n'a jamais vu un étranger. Ces populations, débris des anciens occupants du sol, forcément mêlées de races diverses, se répartissent actuellement en trois grands groupes, au moins dans le vilayet d'Angora : les Turcs et Turcomans, plus ou moins mêlés de Kurdes, les Arméniens et les Grecs.

Le soir du troisième jour de marche, nous venons planter nos tentes devant la bergerie (*tchiftlik*) d'Ahmet-Pacha, grand propriétaire du pays. Cette bergerie, située à 770 mètres d'altitude et à 3 kilomètres environ du Kyzyl-Irmak, dont elle domine le cours sinueux, se compose de quelques cabanes et écuries, et de terres cultivées sur une étendue considérable. On y élève des chèvres mohair, des moutons et des chevaux de race. De belles juments avec leurs poulains gambadent non loin de nos tentes. Nous remarquons, parmi les chiens de ce *tchiftlik*, des lévriers du Turkestan, beaux et délicats, que l'on entoure de certains soins. Ils sont très répandus en Anatolie, comme nous avons pu le voir par la suite.

Le 24 mai nous rejoignons la petite vallée de l'Eukuz-Eusu, et nous descendons le long de cette rivière jusqu'à son embouchure dans le Kyzyl-Irmak, le grand fleuve anatolien, l'Halys des Anciens, la rivière Rouge des Turcs. Son cours offre ici un aspect assez majestueux avec ses eaux, grosses et rouges, roulant dans une vallée bordée de schistes. Cette abondance des eaux est toute momentanée et due aux pluies récentes et à la fonte des neiges. Notre guide, un homme de la bergerie, nous dit qu'en été on le franchit, ici même, à gué.

L'*Adonis æstivalis* égaie de ses fleurettes purpurines l'aridité du sol, tout bosselé des monticules terriers, de charmants petits rongeurs (spermophile) à robe jaune clair sur le dos, blanche sur la gorge et le ventre.

Ils ont de jolis yeux brillants, et les mines effarées qu'ils prennent à notre vue sont du plus haut comique. Des rolliers, des guêpiers au splendide plumage, volent sur ces rives solitaires. Les nids des hirondelles tapissent entièrement les arches du Kezik-Keupru, beau pont de pierre sur lequel nous franchissons le Kyzyl-Irmak. Un silence absolu règne sur ces bords du fleuve; il n'est troublé que par les cris des oiseaux que notre passage a mis en émoi. Le soir, on couche à Kasmadji, après une dure étape, et nous levons le camp le lendemain de bonne heure.

A Bakal, village turc, nous faisons halte dans le voisinage d'une fontaine, très animée par un groupe de femmes qui manœuvrent activement le battoir, entourées de leurs marmots en guenilles. Des buffles béatement accroupis dans la vase, les chaudrons fumants des laveuses, forment un tableau pittoresque que je m'empresse de photographier. Ces Turcs, manifestement mêlés de Kurdes, comme ils le disent eux-mêmes, sont très pauvres, mais très doux.

On nous fait partout un accueil cordial. Tous s'étonnent de notre présence dans un pays où rien ne leur paraît digne d'attrait. « Que viens-tu faire ici, *hanoum effendi*? me disent les femmes, de leur jolie voix gazouillante. Vois, le pays est nu, et nous n'avons pas seulement un vêtement pour nous couvrir! » En disant cela, les pauvres créatures me montrent la nudité de leurs enfants et les loques qui couvrent leur corps; puis, avec cet air résigné si particulier aux musulmans, les yeux levés vers le ciel, elles soupirent le nom d'Allah. Une mère plus triste que les autres femmes m'amène son petit garçon, âgé de six à huit ans, beau comme un dieu. Son adorable visage respire un tel air de souffrance que je sens en lui un de ces êtres d'exception dont le passage sur la terre ne doit avoir qu'une éphémère durée. L'enfant me regarde de ses yeux lumineux et doux. Il souffre d'incessants maux de tête et sa sensibilité nerveuse est extrême. Je prends dans mes mains cette jolie tête bouclée, je le caresse, je lui donne divers objets qui semblent captiver son attention, et, en échange, le petit couvre mes mains de baisers. La mère sourit pendant ce temps, et sa figure s'épanouit quand mon mari lui donne divers médicaments destinés à soulager son enfant.

Après avoir traversé de nombreux taillis de petits chênes producteurs de la noix de galle, nous plantons le campement, le soir venu, devant le pauvre village de Kutchuk-Baba. Là, comme précédemment, même population mêlée et hospitalière. Nos tentes à peine dressées, tout le monde vient voir les ghiaours. Les animaux eux-mêmes nous font visite. Les chiens de garde, tout d'abord furieux de notre arrivée, s'apprivoisent peu à peu, et viennent se coucher près de notre cuisine en plein air. Les yeux mi-clos, ils savourent le fumet du rôti et donnent des signes d'une gourmandise inquiétante. Mitcho les invective en italien, leur lance des pierres, rien n'y fait. Ils sont insensibles.... Gare à notre dîner!

(*A suivre.*) Mme B. CHANTRE.

LION ANTIQUE (PAGE 414). — DESSIN DE FAUCHER-GUDIN.

INTÉRIEUR DU VILLAGE DE BOGHAZ-KEUI (PAGE 426). — DESSIN D'OULEVAY.

EN ASIE MINEURE[1],

SOUVENIRS DE VOYAGE EN CAPPADOCE,

PAR Mme B. CHANTRE.

BERGER DE BOGHAZ-KEUI.
D'APRÈS UNE PHOTOGRAPHIE.

Le 26 mai. — En passant par le village de Daobassi, situé à 1100 mètres d'altitude, nous atteignons celui de Boz-Keui, peuplé de Turcomans, dont l'occupation principale est le tissage de tapis renommés pour leur beauté. Malheureusement l'aspect, presque désert, du village, nous apprend que les habitants valides ont pris déjà le chemin du *yaëla*, c'est-à-dire du pâturage d'été, emmenant tentes et animaux. Avec leurs tentes, ils ont emporté aussi leurs tapis et leurs métiers. Il faut croire que cette industrie des tapis n'est pas lucrative, car le village est des plus misérables. Ces pauvres Turcomans, si habiles, si artistes, ont des demeures bien sordides. Il n'y a en ce moment au village, outre quelques femmes, que des enfants chétifs, des vieillards et une pauvre idiote qui se chauffe au soleil.

En quittant Boz-Keui, il nous faut traverser le Delidjé-Irmak, actuellement très gros. Les paysans nous ont prévenus que ce ne serait pas chose facile pour notre caravane, lourdement chargée. Notre inquiétude est assez grande, mais plus grande encore est mon émotion lorsque j'entre avec mon cheval dans ces eaux troubles, dont le courant est d'une violence extrême. Heureusement, nous avons pu charger sur des chameaux qui se trouvaient là nos caisses les plus lourdes et les plus délicates. Les coursiers du désert n'ont pas l'air de trouver bonne notre idée, car, déjà las des interminables traversées nécessitées par le transport d'un troupeau de moutons d'une rive à l'autre, ils refusent nos caisses, se roulent par terre, geignent comme des enfants. Le passage de tout notre monde est, en somme, long et pénible, pourtant tout se passe bien. C'est sous 32 degrés de chaleur que nous traversons la plaine marécageuse qui s'étend du Delidjé-Irmak au village d'Ak-Pounar, où nous campons et passons une très mauvaise nuit.

A l'aube nous nous mettons en marche pour Soungourlou, gros bourg où nous espérions trouver un peu de repos, et surtout, au bazar, des approvisionnements, tels que vin, thé, sucre, et diverses choses qui commençaient à manquer dans notre ménage. Une cruelle déception nous attendait. Nulle part nous n'avons eu autant à souffrir de la curiosité brutale des habitants, de la bêtise invraisemblable des petits employés grecs et arméniens de l'administration, de l'ignorance grossière de tous. Soungourlou est resté dans mon esprit à l'état de cauchemar.

1. Suite. Voyez p. 409.

MITCHO. — DESSIN DE GOTORBE.

Plutôt que d'y passer la nuit, nous préférâmes partir sous la pluie battante, au milieu d'un orage déchaîné, et aller demander l'hospitalité dans le pauvre village de Tchaouch-Keui. Là, du moins, nous fûmes accueillis avec cette simplicité du cœur, cette courtoisie pleine de grandeur dont le plus modeste paysan turc a le secret.

Euyuk d'Aladja et ses antiques sculptures. — Nos fouilles. — Les *Kizilbachi*.

28 mai. — Nous approchons d'Euyuk ou *Oyuk* d'Aladja, la première étape de notre campagne archéologique. C'est sous une pluie battante que nous apercevons le tertre qui supporte le village actuel, improprement appelé Euyuk, car en Anatolie on donne le nom d'*euyuk* à ce que les Arabes appellent *tell*. Nous en faisons le tour pour trouver la façade ornée, ou grande entrée, dont nous saluons les sphinx de pierre, gardes énigmatiques de l'édifice, temple ou palais, érigé là par des hommes dont les archéologues ne sont pas encore sûrs d'avoir trouvé le nom ni l'époque. Quoi qu'il en soit, ces débris d'une civilisation inconnue et étrange sont bien faits pour frapper l'imagination et exciter la sagacité des savants.

Rappelons tout d'abord que nous sommes ici dans le district connu chez les Anciens sous le nom de Ptérie. Ce canton pauvre et de peu d'étendue de l'ancienne Cappadoce ne porte pas aujourd'hui de nom particulier. Il est compris dans le sandjak de Yozgat (Yazgat). Par sa situation naturellement forte, par l'accès difficile de ses gorges, cette Ptérie a pu être regardée par certains voyageurs « comme une sorte de réduit et de forteresse naturelle ». La brève description qu'a laissée Hérodote de la région où eut lieu la lutte de Crésus et de Cyrus semble aussi s'appliquer, assez justement, à ce pays. Ce fut Crésus, le roi lydien, qui détruisit les villes de la Ptérie, sur l'emplacement desquelles se trouvent les ruines de Boghaz-Keui et d'Euyuk.

Il s'éleva donc jadis sur ce dernier point une butte artificielle. Sur cette butte, sorte de vaste plate-forme analogue aux tells de l'Assyrie et de la Babylonie, fut construit un édifice, temple ou palais, dont les ruines actuelles, découvertes par Hamilton, revues et signalées par Barth, furent enfin visitées par MM. Perrot, Guillaume et Delbet. Dans son *Histoire de l'Art*, M. Perrot en a donné une description, illustrée de photographies et de dessins, et c'est ainsi que ces messieurs appelèrent les premiers l'attention sur ces sculptures restées jusqu'alors inconnues. La vue du tertre, et les tranchées qu'il y creusa, confirmèrent promptement M. Perrot dans la pensée qu'il était en face d'un tell analogue à ceux de la Mésopotamie, sous lesquels ont été trouvées ensevelies Khorsabad, Kouyoundjik et Nimroud. Suivant lui, on se trouverait en présence d'un palais construit pour un prince cappadocien sur les plans d'un palais ninivite.

Ce tell, à l'heure actuelle, se présente avec une seule de ses quatre faces ornée; elle est regardée comme la grande entrée du palais. Cette porte méridionale avec ses pieds-droits constitués par deux sphinx d'un travail grossier, et la suite des bas-reliefs qui s'étendent à sa droite et à sa gauche, sur une certaine longueur, offre encore un ensemble majestueux. C'était bien là vraiment une entrée digne d'un palais royal, mais, cette façade exceptée, le tell, ni dans ses autres faces, ni sur l'esplanade occupée par le village actuel, ne semble recéler d'autres portes, pas plus que des murs ni des traces de construction quelconque. A part une couche assez mince de poussière formée par les détritus des habitations modernes, le tell est constitué par une terre meuble, et non par un amas de cendres ou de poussière résultant de l'émiettement des briques crues, comme dans les palais de la Mésopotamie.

Notre impression est que la construction d'un édifice, palais ou temple, a été entreprise sur ce point, mais qu'elle n'a jamais été achevée. Sur l'esplanade, dans l'intérieur du village, gisent, çà et là, quelques blocs de pierre destinés à être sculptés, notamment deux lions, à peine ébauchés, et qui certainement ont dû être abandonnés, tels quels, par l'ouvrier. Il semble, de l'avis de tous les habitants, que le sol du tertre, à part quelques poteries, est peu riche en antiquités. Au contraire, aux alentours immédiats du tell, la charrue arrache quelquefois du sol des débris d'une industrie des plus archaïques, dans lesquels il faut voir les vestiges de la bourgade ptérienne.

Pendant que nous procédions à un premier examen des lieux, Mitcho allait au village s'entendre avec le maire ou *moukhtar* pour l'engagement des ouvriers que nécessitaient nos fouilles. Ce genre de travail fatigant et soutenu n'est pas fait pour tenter les paresseux indigènes. Mais l'attrait d'une rémunération sûre et satisfaisante décide les plus engourdis. Force paroles sont dites avant de s'entendre sur un prix qui varie entre 3, 4 et 5 piastres par jour, suivant les exigences des paysans, c'est-à-dire 60, 80 centimes ou 1 franc. Et, comme la petite monnaie est extrêmement rare chez les pauvres paysans de l'Anatolie, il est bon de se munir, lorsqu'on

ENTRÉE DU DÉFILÉ DE BOGHAZ-KEUI (PAGE 425). — D'APRÈS UNE PHOTOGRAPHIE.

est dans les villes, d'une provision de piastres, de quarts et de demi-medjidiés pour effectuer les payements journaliers de tous genres.

Tandis que nous photographions et estampons tout ce qui nous paraît intéressant parmi les scènes si curieuses des bas-reliefs, cinquante hommes armés de pelles et de pioches déblayent le seuil de l'entrée et l'espace encombré de gros blocs qui en formait le vestibule. L'absence d'une barre de fer rend très difficile le déplacement de ces lourdes pierres. C'est à l'aide de simples pieux de bois que les ouvriers, sous la conduite de Mitcho, soulèvent des blocs de deux et trois mètres cubes. Ce dur labeur s'accomplit au milieu de cris et d'efforts assourdissants. En les entendant, je ne peux m'empêcher de penser à ce qu'ont dû être les gigantesques travaux de l'Égypte et de la Babylonie. Quels efforts! Quelles clameurs fendaient les airs lorsque les blocs de granit s'empilaient en pyramides ou donnaient naissance aux sphinx, ces prodiges qui font encore l'admiration du XIXe siècle!

Examinons à présent ces bas-reliefs alignés encore assez régulièrement, à droite et à gauche de la grande porte. Il semblerait, d'après la disposition des blocs sculptés, que la série de gauche, dont toutes les scènes sont dirigées dans le même sens, sauf le premier bas-relief de l'entrée, figurant un taureau, debout sur une sorte d'autel, et orné des symboles *hétéens* attribués aux divinités, dût être interprétée comme une procession se rendant précisément au-devant du bœuf sacré. Un appareil de prêtres et d'animaux en marche semble annoncer une cérémonie religieuse durant laquelle s'accomplira le sacrifice de ces chèvres et bouquetins sculptés d'une main habile. Il n'y a rien d'impossible à ce que les Hétéens aient donné dans leur panthéon une place d'honneur au taureau, symbole de la force, dont le culte a, de toute antiquité, régné en Asie Mineure, surtout dans la Cappadoce et le Taurus cilicien. Toutes ces scènes, les animaux, les personnages, sont d'un grand réalisme.

La série de droite est en moins bon état de conservation. Elle a souffert beaucoup de l'installation, dans son voisinage, d'un lavoir où les femmes d'Euyuk manœuvrent langues et battoirs avec une égale ardeur. Les derniers bas-reliefs sont même dans l'intérieur de ce lavoir et il n'est pas commode de les y aller voir.

Cette série représente aussi une procession dirigée vers une déesse assise qui fait pendant au taureau. La déesse, bien franchement hétéenne, tient en main une coupe ou une fleur. L'état fruste de la sculpture en rend la détermination difficile. Là encore, une suite d'eunuques, de prêtresses, dans l'accomplissement de mystérieux rites, défilent devant nos yeux rêveurs. Où vont-ils? Quelle divinité bonne ou mauvaise symbolise cette femme assise qui a presque une tête de chatte?

Les sphinx qui constituent les pieds-droits de la grande entrée sont debout et non assis; la coiffure et les pattes ne sont pas égyptiennes. Ils n'ont rien du type des sphinx de l'Égypte et ne font qu'en refléter le vague

FEMMES TURKMÈNES DE BOGHAZ-KEUI. — DESSIN DE GOTORBE.

souvenir. L'un d'eux porte sur la face interne un aigle bicéphale, étrange oiseau qui semble avoir aussi un caractère bien hétéen. L'aigle devait soutenir sur ses ailes éployées un prêtre ou un dieu, car on voit encore la trace de deux souliers à pointes recourbées, et la queue d'une longue robe. Près de cet oiseau symbolique sont quelques hiéroglyphes, que nous avons estampés. Jusqu'à présent cet ensemble formé par les deux pieds-droits et les bas-reliefs était seul connu.

Nos fouilles, dirigées dans la partie intérieure formant le vestibule, nous ont montré que celui-ci, garni de murs à droite et à gauche, se terminait par une seconde porte, constituée, elle aussi, par deux pieds-droits de petites dimensions dont la face extérieure, ébauche de sphinx avec gorge et socle, était tournée vers le palais ou temple lui-même, à l'opposé des premiers qui regardent la plaine. La face intérieure, donnant sur le vestibule, portait un guerrier, à tunique courte, à calotte ronde et à souliers recourbés. Malheureusement ces sculptures, enfouies sous la terre, étaient si frustes et surtout si friables que la pioche ne sut pas ménager cette fragilité, et fit tomber calotte, mollets, mutilant le pauvre garde à mesure qu'il ressuscitait. D'après les débris ramassés dans la terre noire et humide de nos fouilles, il semble qu'à la suite du pied-droit, à gauche et à droite, dans l'espace qui le reliait au mur du vestibule, un autre bas-relief était placé figurant un second garde identique au premier. En résumé, notre opinion est que cette seconde porte qui donnait accès dans la partie fermée de l'édifice était gardée par quatre personnages, deux à droite, deux à gauche, archers ou autres soldats préposés à sa garde d'honneur. Au delà de cette porte les fouilles n'ont plus rien donné. Il semble que les grands travaux de décoration ont cessé là et que le tell, prêt pourtant à recevoir un édifice, n'a jamais porté autre chose que le misérable village actuel, à moins que les guerres et les ravages exercés dans le pays n'en aient effacé jusqu'à la trace.

On recherche aujourd'hui à quelle race appartenait le peuple hétéen auquel on attribue ces sculptures, et que l'on a identifié spontanément avec les Khetas ou Hittites de la Bible. Or, suivant les recherches qui ont été pratiquées par les érudits en la matière, il semblerait que les Hittites n'étaient ni des Aryens ni des Sémites. Le type figuré soit sur les monuments égyptiens, soit sur leurs propres bas-reliefs, vient confirmer cette opinion et donner aux Hétéens une origine vraisemblablement touranienne. Ce serait un peuple d'origine mongole, à en croire les visages sans barbe, les cheveux nattés, l'aspect lourd. Les Hétéens n'ont jamais été beaux, mais leur type s'est modifié forcément à travers les siècles, et là où ils ont été en contact avec des peuples sémitiques, ils en ont pris, plus ou moins, le cachet. Il résulte des études savantes dont les Hétéens ont été l'objet, qu'à une époque antérieure à l'organisation des Hébreux en nation, antérieure même à la conquête de Canaan par les Israélites, ils ont joué un rôle important dans les grandes luttes contre les Égyptiens. Hétéens et Amoréens semblent avoir été intimement unis dans les montagnes de la Palestine. La résurrection tardive de cette puissance offre vraiment un piquant intérêt.

TURQUES DE BOGHAZ-KEUI. — DESSIN DE GOTORBE.

C'est probablement à la suite de son adoption par les émirs turcomans, que l'aigle bicéphale, réservé, dès la plus haute antiquité, aux divinités et aux rois de la nation hétéenne, a dû être rapporté au XIVe siècle par les Croisés. Et c'est ainsi qu'il est devenu l'emblème de l'empire d'Allemagne et, plus tard, celui des empires d'Autriche et de Russie, perpétuant à travers les âges sa haute destinée symbolique.

Le village d'Euyuk, outre ces ruines célèbres, a une population assez curieuse. Les habitants appartiennent à une secte, ou tout au moins forment un groupe à part en Turquie : en un mot, ce sont des Kizilbachi. *Kizilbach* (tête rouge) est un nom qui éveille, pour tous ceux qui ont voyagé en Asie Mineure, le souvenir d'êtres méprisés dont on ne sait pas au juste l'origine et les croyances. En ce qui concerne la race, ils n'offrent rien de tranché, ni aucune particularité qui les différencie des Turcs du pays. Il faut plutôt les regarder comme un groupe très mêlé d'éléments chrétiens et musulmans, et qui offre peu d'intérêt au point de vue de la race. Les avis sont très partagés à leur égard. Les uns en font des êtres malheureux parce qu'ils ont excité le mépris des Turcs en ne suivant pas les pratiques de l'islam. D'autres leur reconnaissent des vertus extraordinaires de moralité. Quelques voyageurs ont cru voir en eux des descendants de Perses chiites. Quoi qu'il en soit, le terme *Kizilbach* est des plus injurieux, et l'on parle d'eux presque à voix basse.

NOS FOUILLES À BOGHAZ-KEUI. — DESSIN DE GOTORBE.

Nous avons vu, durant nos deux voyages en Asie Mineure, beaucoup de villages de Kizilbachi, nous avons vécu près d'eux, et, bien que nous ne puissions pas trancher la question d'origine, je peux dire, du moins, qu'ils ne sont pas farouches, tant s'en faut, vis-à-vis des chrétiens. Ils n'ont pas de mosquée, ni chiite ni sunnite; ils ne semblent pratiquer aucune religion; ils saignent les poulets, grand grief aux yeux des Turcs, enfin nulle autre population ne présente avec plus d'ensemble les tristes maladies qui ne sont pas l'apanage de la vertu et de la moralité. Durant notre séjour à Euyuk, l'affluence des malades au campement n'a que trop édifié mon mari sur l'état lamentable de ces gens. Hommes, femmes, enfants, tous venaient demander conseils et remèdes. Une cour des miracles comme on en voit peu. Il est vrai que des vieillards vinrent aussi nous demander d'empêcher leurs dents de tomber, leurs jambes de s'engourdir, bref de leur donner le moyen de redevenir jeunes. Hélas! c'est un remède que nous n'avons pas dans notre pharmacie!...

Une de nos découvertes intéressantes à Euyuk fut celle de deux pierres portant des inscriptions phrygiennes, les plus longues que l'on connaisse après celle du tombeau de Midas. Découvertes en 1893, nous sommes revenus en 1894 à Euyuk pour les faire enlever et les expédier au Musée de Constantinople, où elles sont aujourd'hui.

Après avoir terminé nos estampages, dont nous emportons une belle série, nous plions bagage après un séjour de près d'une semaine et prenons la direction de Boghaz-Keui, cette autre grande localité hétéenne de la Ptérie. Le chemin qui conduit à ce village passe par une série de vallées bien cultivées auxquelles succèdent des gorges sauvages couvertes de maigres taillis de chênes. Çà et là, des ouvertures noires béantes sur la vallée et des panaches de fumée révèlent la présence de misérables villages dont quelques-uns, véritables repaires, sont peuplés de tsiganes. Malheureusement le temps ne nous favorise guère. C'est, comme à Euyuk, sous une pluie battante que nous arrivons à Boghaz-Keui. Le campement est établi au-dessus du village, dans une grande prairie bordée de rochers. Il fait froid, et l'on est pourtant au 1er juin.

Boghaz-Keui, ses ruines, ses sculptures hétéennes.

Le village de Boghaz-Keui (village du défilé) est situé dans une belle vallée largement ouverte du N. au S. et entourée de montagnes nues. Il s'élève au bord d'un affluent du Kizil-Irmak et au milieu d'un site fort sauvage. Ce site a été témoin de faits historiques importants. Malheureusement, de la ville qui s'y éleva, de son palais et de son admirable système de défense, il ne reste que des ruines. Le seul souvenir demeuré presque intact des maîtres primitifs de Ptérium est le sanctuaire à ciel ouvert connu dans le pays sous le nom de *Yasili-Kaya* (Pierre sculptée, écrite) et attribué, comme le palais d'Euyuk, aux Hétéens.

C'est Texier qui, le premier, a fait connaître Boghaz-Keui. Barth le visita à son tour, mais cette région restait encore imparfaitement connue, lorsque MM. Perrot, Guillaume et Delbet vinrent à leur tour l'explorer. Nous avons vu plus haut que les auteurs et les voyageurs étaient entraînés à regarder ce district de la Cappadoce, si riche en vestiges archéologiques, comme cette Ptérie, théâtre de la lutte de Crésus et de Cyrus dont parle Hérodote. Dans ce cas, c'est ici même qu'il faut placer la capitale des Ptériens, devenue la proie de Crésus, 550 ans avant notre ère. Le conquérant perse ravagea tout sur son passage, détruisit de fond en comble les villes et les bourgades et emmena captives les populations qui y étaient établies. Il faut espérer que les recherches présentes et à venir que l'on y pratiquera dégageront des épaisses ténèbres qui environnent encore le passé des montagnards, jadis maîtres de cette contrée.

Une ville antique a bien réellement existé là. M. Perrot attribue à ses murailles un périmètre de 5 à 6 kilomètres. Aucun édifice n'est resté debout; seules se voient des traces nombreuses d'habitations. Les vestiges d'un palais attestent en outre qu'il y eut ici une cité gouvernée par un chef, prince ou satrape. Le seul fait de la construction de ce palais et du puissant système de défense qui le domine indique bien qu'une foule d'ouvriers, d'artisans, de soldats, s'agitait, travaillait, prospérait (?) au milieu de ces rochers du défilé, et à une altitude où la température se montre fort inclémente. Il est certain que dans ce cadre naturel si âpre, si sévère, la lutte pour l'existence dut faire de ces montagnards isolés des hommes forts, hardis, audacieux, ignorant le luxe et la mollesse des climats tièdes et des contrées fleuries.

Voici le palais, ou du moins ses assises inférieures, car l'édifice semble avoir été rasé d'un coup de sabre sur toute sa surface. Texier, le premier voyageur qui rencontra cette ruine intéressante (dont il a laissé un plan et une description), crut y voir un temple d'Anaïtis. Après lui, Barth y vit un palais, dont il dressa à son tour le plan, que nous avons en main. Il est facile de se rendre compte de son exactitude relative, car l'assise inférieure, émergeant régulièrement de 60 centimètres au-dessus du sol, décrit sur place un véritable tracé de l'édifice.

SANCTUAIRE DE BOGHAZ-KEUI. — D'APRÈS UNE PHOTOGRAPHIE.

BAS-RELIEF ET RUINES D'EUYUK (PAGE 422). — D'APRÈS UNE PHOTOGRAPHIE.

Le palais, de petites dimensions, se dressait à la mode mésopotamienne, sur une esplanade, laquelle s'élève elle-même sur une autre esplanade d'environ 110 mètres de largeur sur 140 de longueur. Il résulte de l'examen attentif de cette ruine que, suivant toute probabilité, l'assise inférieure seule du palais était faite en énormes blocs de pierre, ainsi que le pied des murs. Ces blocs atteignent jusqu'à 5 mètres de longueur sur 2 de largeur. On remarque dans les gros murs que les extrémités des pierres s'emboîtaient comme dans une charpente, ce qui se voit aussi dans l'appareil persépolitain. Quant au reste des murs, il faut croire que la brique crue a joué ici, comme dans les palais ninivites, un rôle capital. Des trous circulaires nombreux et irrégulièrement dispersés dans les blocs inférieurs, ont excité vivement la curiosité des visiteurs. Il est probable qu'ils furent destinés à recevoir des tiges, métalliques ou non, appelées à lier la partie inférieure du mur avec les briques. Mais le dernier mot n'a pas encore été dit à ce sujet. Et il est même difficile d'affirmer que la construction de ce palais ait jamais été achevée.

L'absence complète de toute accumulation, sur cet emplacement, de cendres et de poussière, due à l'émiettement des briques crues, peut être expliquée par ce fait que les pluies, si fréquentes dans cette région, voire même les neiges, ont dû laver sans cesse tout ce qui a pu s'y trouver, ne laissant que la pierre à nu. M. Perrot avait manifesté le désir, dans sa description de Boghaz-Keui, de voir pratiquer des fouilles dans les salles du palais, afin de vérifier ce qu'avait pu être le sol réel de ces chambres. Pour y répondre, M. Chantre a installé une escouade de vingt hommes dans une salle renfermant une baignoire creusée dans le roc et qui fait suite à la grande cour. Il nous a été facile de constater que le sol n'a jamais reçu ni dallage, ni mosaïque. Il n'est autre chose que la roche vive régularisée au pic, et pavé grossièrement avec les débris de cette même roche. Une couche de terre battue, sur laquelle on étendait probablement des tapis, fut tout le luxe que s'offrit le prince ou satrape maître de céans. Et cela se fait encore ainsi, d'ailleurs, dans de bonnes maisons en Asie.

Ces solides demeures, comme nos antiques châteaux forts d'Europe, étaient surtout des abris sûrs donnant une haute idée de la puissance de leur hôte aux peuples sujets et voisins, mais dans lesquels, comme je l'ai dit déjà, aucun luxe ni aucun raffinement de confort ne pouvait exister. Il n'était pas facile non plus de se procurer des matériaux pouvant contribuer à la décoration d'un palais, tels que le bois ouvragé, la céramique et les métaux. Si l'on admet que le climat et le ciel ont une heureuse influence sur l'éclosion des arts, on ne peut pas s'attendre, sous un ciel froid et pluvieux pendant de longs mois, dans un pays pauvre, à voir fleurir les décorations de briques émaillées, aux couleurs superbes, des palais de Persépolis et de Suse, ces filles du soleil.

La sculpture sur pierre, la fabrication de la poterie étaient seules pratiquées en grand en Cappadoce.... Aucun objet autre que de très nombreux débris de vases ne se rencontre sous la pioche. La poterie est représentée par des quantités de fragments de tous âges, depuis les jarres d'argile à grosses nervures en relief, rappelant celles de la Chaldée, jusqu'aux vases peints, en argile fine.

Quoi qu'il en soit, ce palais tel qu'il est, atteste une certaine entente de l'architecture civile, et si l'on passe à l'examen de la forteresse qui le protège, on s'aperçoit vite que l'architecture militaire n'est pas moins ingénieuse. Le système de défense comprend plusieurs citadelles. Je ne veux pas entrer ici dans leur description détaillée, ce qui ne serait guère de ma compétence; je dirai seulement qu'à la vue de ces murs audacieux, tantôt dressés au haut des ravins, et faits de blocs non taillés posés les uns sur les autres, à la manière cyclopéenne; tantôt composés, dans les parties demandant plus de soin, d'assises taillées, en grand appareil, on ne peut s'empêcher d'évoquer une ressemblance entre cette forteresse ptérienne et certains travaux du même genre trouvés à Tyrinthe, à Mycènes et dans les sites les plus antiques de la Grèce.

TRANSPORT D'UN BAS-RELIEF. — DESSIN D'OULEVAY.

Il nous reste à visiter le sanctuaire, étrange temple à ciel ouvert, creusé en plein roc, dans le cadre le plus sauvage que l'on puisse imaginer. Pour s'y rendre, on prend la direction de l'est; on traverse le torrent sur la rive gauche duquel est situé le village, et l'on gravit une suite de pentes plus ou moins raides qui conduisent jusqu'à cette fameuse salle naturelle, formée par trois faces de rochers, et ouverte seulement d'un côté. Sur ces rochers sont sculptés d'étranges processions, d'étranges cérémonies et de non moins étranges personnages. C'est la pierre écrite (Yasili-Kaya) des gens du pays.

C'est avec émotion que je pénétrai, non sans peine, dans cette salle, l'entrée étant encombrée d'une végétation folle et de blocs éboulés. Avec l'aide de quelques petits bergers du village qui s'étaient institués nos guides, il fallut écarter les églantiers aux étoiles jaunes et roses qui poussent là côte à côte avec l'épine-vinette, se faire maintes égratignures aux mains et au visage pour en franchir le seuil. La première surprise causée par la présence de cette singulière enceinte une fois passée, je parcours avidement des yeux cette suite de bas-reliefs qui déroulent leurs mystères sur la pierre, muette, hélas! et qui jamais ne dira de quels hommes elle reçut ce singulier héritage.

SCULPTURE DE BOGHAZ-KEUI. — DESSIN DE FAUCHER-GUDIN.

Ces sculptures offrent une telle analogie avec celles d'Euyuk, qu'on les attribue, comme ces dernières, aux Hétéens. Elles sont, dans l'ensemble, exécutées avec plus de soin et par un ciseau plus habile que celles d'Euyuk, où les types masculins ont tous quelque chose de moutonnier qui leur donne l'air bête, tandis que les femmes ont pour la plupart des têtes de chatte. Ici les physionomies sont plus normales, sauf les oreilles, qui restent toujours d'une longueur démesurée. Disons tout de suite que ces bas-reliefs, qui se déroulent sans autre interruption que celles occasionnées par les angles naturels du rocher, représentent deux processions. L'une, presque exclusivement féminine, prêtresses en marche, vêtues de longues robes à plis et à haute coiffure en forme de tour, se déroule sur la paroi de droite. L'autre, composée surtout de prêtres et de soldats appartenant à des armes différentes, occupe la paroi gauche. Les deux cortèges se rencontrent sur la paroi du fond, au milieu de laquelle se trouvent en présence les deux chefs de file, personnages divins ou royaux. L'un, prince ou dieu, armé de pied en cap et marchant sur le dos de deux hommes, tient en main un objet probablement symbolique qu'il offre à une femme, reine ou déesse portant une haute coiffure tourrelée qui se tient devant lui, debout sur un léopard. Celle-ci lui tend, elle aussi, une fleur ou autre objet difficile à définir, de sorte que les deux personnages font en même temps le même geste. Derrière cette figure féminine vient un guerrier, hache sur l'épaule, sabre au côté, debout également sur un félin. Après lui, deux femmes s'avancent au-dessus d'un aigle bicéphale qui semblerait être le chiffre ou l'attribut de la princesse, puisqu'il n'est représenté qu'une seule fois et dans son cortège. Je ne puis entrer ici dans la description minutieuse de ces bas-reliefs, sur lesquels on trouve à chaque instant, outre les personnages réels et irréels, tels que des génies ailés, des signes symboliques, des hiéroglyphes même. D'ailleurs la question a été magistralement traitée par M. Perrot dans son *Histoire de l'Art dans l'Antiquité*, et je ne saurais mieux faire que d'y renvoyer le lecteur désireux d'épuiser le sujet.

A droite de cette salle court un étroit couloir resserré entre deux hautes parois de rochers, où se continue la suite des sculptures, qui sont ici en bien meilleur état, étant plus abritées de l'air. Un enduit vitreux, qui jadis a été étendu sur toutes ces sculptures est encore visible sur certains points. A droite de ce couloir se voit une figure encore plus étrange que les précédentes. La tête, vue de profil, est d'une netteté parfaite, jolie même, avec quelque chose d'égyptien. Elle est coiffée d'une tiare cannelée, et porte de larges anneaux aux oreilles. La poitrine est constituée par deux lions adossés, le corps par deux autres lions affrontés la tête en bas, et le tout se termine en gaine. A droite de cet être symbolique, et le regardant, se voit un groupe de deux individus, vêtus de robes et coiffés de la haute mitre pointue. L'un d'eux, de grande taille, tient l'autre par le cou, dans une attitude familière. Sur la paroi de gauche se déroule une file de soldats en marche, d'un beau mouvement bien rythmé. Là encore l'esprit se perd à chercher le pourquoi de ces sculptures énigmatiques. Le sanctuaire, si sanctuaire il y a, serait probablement cet étroit couloir plutôt que la grande salle précédente. Des niches creusées près des figures masculines sembleraient avoir été des autels à sacrifices ou à offrandes.

Plus de quarante ans se sont écoulés depuis que Texier a découvert, durant ses pérégrinations en Asie Mineure, ce site ignoré, et pourtant dépositaire d'un des legs les plus importants qu'aient laissés ces peuples à peine connus de la Cappadoce. Aujourd'hui encore le problème de l'origine de ces sculptures n'est pas résolu. Texier, se reportant aux documents historiques qui montrent cette Ptérie comme habitée par les Mèdes depuis Cyaxare, croit voir dans ces scènes étranges, tout à la fois militaires et religieuses, les cérémonies d'un culte rendu à une des principales divinités révérées des Mèdes et des Assyriens, c'est-à-dire à Anaïtis. Ce culte était, en effet, répandu dans cette partie de la Cappadoce, où il était entouré d'une pompe toute royale. Aussi, pour Texier, la rencontre des personnages représentée sur la paroi du fond est-elle l'arrivée de la grande déesse venant d'Orient, montée sur un lion, et accueillie par les Cappadociens qui lui apportent des offrandes. Il insiste aussi sur ce fait que le costume des figures d'hommes des bas-reliefs reproduit exactement ce que l'on sait de celui des Saces.

Barth a donné une interprétation différente à ces sculptures, dans lesquelles il croit reconnaître un traité de paix et d'alliance entre Cyaxare et Alyatte, à la suite d'une célèbre éclipse de soleil qui eut lieu, suivant le Dr Zech, le 28 mai 584 avant notre ère. Les personnages principaux figureraient Astyage et sa fiancée. M. Perrot préfère voir dans tout cet ensemble le sanctuaire principal de la cité des Ptériens et peut-être de la Ptérie tout entière, où l'on se rendait en foule en pèlerinage de Ptérium et de fort loin, à certains jours de l'année, pour la célébration des rites par les chefs de la nation. Les sacrifices se faisaient solennellement dans la grande salle à ciel ouvert, puis les assistants se répandaient aux alentours pour se livrer à de joyeux ébats et festins. Les dieux adorés dans ces cérémonies seraient un couple divin dans lequel M. Perrot voit Cybèle et Atys. Quant aux hommes à qui l'on doit attribuer ces sculptures, il repousse l'idée des Mèdes et préfère voir dans les Leuco-Syriens d'Hérodote, véritables maîtres du sol cappadocien, les auteurs de ces bas-reliefs. Tel est l'état actuel de la question, qui changera peut-être bientôt d'aspect lorsque la lecture des textes cunéiformes trouvés par M. Chantre dans la citadelle aura été faite. Car, il faut bien le dire, le fait saillant, capital, de nos recherches a été la découverte, dans la forteresse, de débris de tablettes portant des textes cunéiformes. Cet événement inattendu est en même temps ce qui pouvait arriver de plus heureux, car en somme il n'existait, jusqu'à ce jour, aucun texte assyrien venant de cette région. C'est même ce qui a décidé mon mari à revenir à Boghaz-Keui en 1894 afin de compléter ses recherches. Et, comme la première fois, il a eu le bonheur d'y recueillir encore une série importante des précieux fragments. Notre compagnon de voyage dans cette seconde expédition, M. Alfred Boissier, assyriologue distingué, s'est chargé de leur étude.

Nos travaux étant terminés à Boghaz-Keui, nous nous mettons en route pour Yozgat, mais non sans avoir dit adieu au vieux Hadji Arslan-Bey, le seigneur du pays, qui se souvient d'avoir vu Texier, et qui depuis a toujours reçu cordialement chez lui les voyageurs attirés à Boghaz-Keui par ces sculptures devenues célèbres. Quand nous revînmes pour la seconde fois en Ptérie, nous dûmes nous arrêter, en allant de Boghaz-Keui à Euyuk d'Aladja, dans le petit village de Kaïmas. Celui-ci nous a laissé un trop bon souvenir de son hospitalité pour que je ne remercie pas, en passant, son bon vieux mouktar qui nous céda sa propre maison. Oh! combien modeste et misérable cette maison de Kaïmas dans laquelle nous nous endormîmes un beau soir! Non pas qu'elle

VUE DE BOGHAZ-KEUI. — DESSIN DE BOUDIER.

VUE DE YOZGAT. — DESSIN DE BOUDIER.

fût une exception à la règle, car toutes les maisons des villages de Cappadoce se valent à peu de chose près. Elles varient de dimensions, mais non de distribution. Et, soit dit en passant une fois pour toutes, ces habitations ne sont autres que des huttes carrées couvertes en terrasse. Des branchages en forment la charpente, des briques en terre mêlée de paille hachée la maçonnerie, et la terre battue le sol. Ces demeures sont généralement composées d'une sorte de vestibule et d'une chambre principale soutenue par quelques piliers de bois. Un trou dans la toiture et la porte donnent seuls accès à la lumière et laissent échapper la fumée. Presque toujours, l'écurie n'est séparée que par une cloison de la chambre commune. On comprendra que nous donnions la préférence à nos tentes et que nous n'acceptions qu'exceptionnellement l'hospitalité des villageois.

Ce soir-là, l'extrême lassitude de la caravane nous avait décidés à loger au village. Un abondant repas suivi d'un café exquis nous fut servi dans l'obscurité de l'unique chambre par de braves gens empressés. Un berger nous apporta de l'eau dans une cruche en bois, de forme pittoresque et locale. Puis tout le monde se retira pour nous laisser dormir. Nos couchettes ayant été installées sur la terre battue, nous barricadions la porte avec une malle, car l'usage méfiant des serrures est ignoré chez ces simples pasteurs. Au dehors, un chameau furieux errait devant notre logis; sur le toit nichaient des merles turbulents, enfin dans l'âtre un pauvre grillon chantait sa monotone chanson.

En route pour Yozgat. — La ville. — Ses habitants. — Visite à des dames turques.

La caravane s'ébranle, par un beau matin frais, sous la conduite de Hadji-Méhemet et d'un *zaptié*, tous deux en proie à une violente rage de dents. Les femmes, occupées à ramasser des herbes, véritables sauvagesses, nous regardent défiler et nous saluent au passage par de nombreux *Allah esmarladeq!* (Que Dieu te protège!). Depuis que nous avons atteint Boghaz-Keui, le paysage est devenu plus gai, moins rigide. Les buissons d'épine-vinette et d'aubépine en fleur remplissent et embaument les sentiers que nous prenons pour abréger les lacets de la route, taillée en pleine montagne. La montée est rapide. Pour atteindre Yozgat il faut franchir un des cols les plus élevés du pays. La marche est donc assez pénible, mais la vue des pâturages verts, les belles touffes de liserons roses qui tapissent le sol, les effluves printaniers qui émanent des champs, du ciel, de la terre entière, nous mettent en joie, après tant de jours assombris par la pluie et surtout le froid âpre de Boghaz-Keui. Des myosotis, des jasmins jaunes d'une éclatante fraîcheur de coloris, jonchent l'herbe courte que foulent nos montures. L'air vif nous grise positivement. En traversant un petit vallon arrosé par un ruisselet bordé de tamarix en fleur, nous surprenons des couples de merles roses, fleurs vivantes au milieu de cette floraison printanière. Nous atteignons 1450 mètres d'altitude, et, comme il est midi, on décide de faire halte près d'une fontaine limpide qui coule dans un grand arbre creusé en auge, où viennent boire les troupeaux de chevaux et de bœufs répandus dans les vastes alentours.

Quel spectacle plus attrayant, plus charmeur, pour celui qui sent son âme vibrer en présence de la nature toujours belle, jeune et féconde, que la vue de ces scènes de la vie pastorale, rencontrées au hasard du chemin! Les bêtes superbes viennent, chacune à son allure, boire l'eau pure, cristalline, descendue de la source cachée au sein de la montagne. Les vaches qui s'en vont après boire, le museau humide, d'un pas majestueux, tondre l'herbe verte; les étalons fous, aux capricieuses gambades, crinière au vent, hennissant de joie, me transportent d'admiration.

En route de nouveau, nous atteignons le col à 1 700 mètres. La vue s'étend sur un paysage circulaire de montagnes. Ce ne sont que vallées et monts. La bise violente qui s'est élevée rend la respiration difficile. A mesure que l'on approche de Yozgat, la route se peuple de caravanes de petits ânes, fort gentils, chargés de fagots de bois et de nattes de jonc. Au milieu du paysage montagneux apparaît enfin dans un aspect frais et assez coquet l'agglomération de maisons qui constitue Yozgat. Groupées et étagées sur les collines, elles ont des toits inclinés qui leur donnent un air européen. C'est une ville toute neuve. Point n'est besoin de remonter le cours des âges pour trouver la date de sa fondation. Vers la fin du siècle dernier, Ahmed-Pacha, de la puissante famille des Tchapan-Oglou, qui venait passer l'été avec ses troupeaux au milieu de ses yaëla verdoyants, séduit par la pureté de l'air, la beauté du site, résolut d'y fonder une ville. C'est ainsi que s'éleva Yozgat sur l'emplacement des pâturages des Tchapan-Oglou. Sous le successeur d'Ahmet-Pacha, Suleyman-Bey, la ville se peupla rapidement de colons grecs et arméniens, émigrés d'Angora ou de Césarée. Mais avec lui s'éteignit la puissance des derniers *dérébey* ou « princes des vallées », princes feudataires de l'empire ottoman en Asie, le sultan Mahmoud les ayant abolis. La ville dès lors a végété. Sa population, mêlée de Turcs, de Grecs, d'Arméniens, est estimée à 15 000 habitants.

Nous nous rendons immédiatement chez le mutessarif pour lui faire une visite, et aussi pour lui demander un logement, car mon état de santé exige un peu de repos. Chevki-Effendi nous fait le plus aimable accueil. Il sait très bien le français, et c'est avec la plus grande courtoisie qu'il se met à notre service, dès qu'il a pris connaissance de nos lettres officielles. Le konak municipal étant libre, en l'absence du maire, on nous y installe avec Mitcho et nos bagages. C'est un vaste logis, propre, confortable, nous y serons comme des sybarites. Mais, durant le trajet qu'il faut faire pour gagner notre konak, une foule énorme de curieux s'amasse derrière nous, autour de nous, si bien que les zaptiés sont obligés de frapper au milieu de ces badauds pour les disperser. C'est amusant de se voir regarder avec autant d'avidité que si l'on était des spécimens d'une race inconnue! La peine que j'éprouve à fendre cette foule, nos chevaux ayant été laissés au khan, jointe à de vives douleurs de tête, causées par une insolation, achève de me faire perdre connaissance. J'arrive au logis juste à temps pour me mettre au lit (grâce à nos précieuses couchettes), et recevoir force compresses glacées.

(*A suivre.*) Mme B. Chantre.

PAYSAN PORTANT UNE CRUCHE DE BOIS. — DESSIN DE GOTORBE.

VUE DE YOZGAT. — D'APRÈS UNE PHOTOGRAPHIE.

EN ASIE MINEURE[1],

SOUVENIRS DE VOYAGE EN CAPPADOCE,

PAR Mme B. CHANTRE.

TURQUE D'ERKILET (PAGE 443).
DESSIN D'OULEVAY.

Après une journée complète de repos je me hasarde, la tête encore lourde de mon insolation, à faire une petite promenade dans Yozgat. Le site, d'aspect agreste et salubre, plaît à première vue. Mais les maisons, solidement bâties en pierre et munies de cheminées, disent que le froid y est rigoureux en hiver. Comme dans toute ville neuve, les monuments sont rares à Yozgat. Le plus remarquable est la grande mosquée de Suleyman, bâtie par les frères Tchapan-oglou. L'architecture en est assez élégante; quant à ses matériaux, beaux marbres et pierres rares, ils ont presque tous été apportés de la ville antique de Tavium, aujourd'hui Nefez-Keui, située non loin de là.

Une rivière torrentueuse arrose Yozgat. Elle déborde fréquemment sous l'influence des orages. Il y a trois ans, elle a tout emporté sur son passage : maisons, bains turcs remplis de femmes et d'enfants.

La population musulmane est ici particulièrement fanatique. De leur côté, les Arméniens, qui se sont révoltés récemment, ainsi qu'à Césarée, sont fort mal vus. Les chrétiennes sortent dans les rues soigneusement enveloppées dans leur tcharf, comme à Angora. La méfiance, la haine existent entre les habitants. L'un espionne l'autre. On parle peu et bas; à la nuit close, chacun s'enferme chez soi. Ce triste état des esprits, l'absence d'écoles chrétiennes, engendrent une mélancolie dont tout le monde est imprégné. Si l'on ajoute à cela qu'il n'y a pas d'industrie locale à Yozgat, on

1. *Suite. Voyez p. 409 et 421.*

concevra aisément dans quel état de marasme vit sa population. Il est pourtant question d'y installer des fabriques de draps analogues à celles de Roumélie.

Chose curieuse et peu édifiante, c'est qu'entre chrétiens grecs et arméniens il y a à peu près autant d'animosité et d'éloignement qu'entre ceux-ci et les musulmans. Il semblerait même qu'en Anatolie l'élément grec soit de tous le plus turquifié, et la preuve en est que la conversion de villages grecs entiers à l'islamisme n'est pas un fait rare. Aucun élément à Yozgat pour constituer une colonie européenne. Cela nous fait d'autant plus regretter nos amis d'Angora, dont les attentions, les soins délicats, avaient rendu si agréable notre séjour dans cette ville.

Nous rentrons au konak et presque aussitôt on nous annonce la visite du mutessarif. A cette nouvelle, tous les gens, allant et venant dans notre maison, font le geste de boutonner leur habit, ce qui est une marque de politesse en usage chez les Turcs. Lorsqu'on appelle un serviteur, il entre toujours en serrant son vêtement contre son corps, de même qu'il sort à reculons. Chevki-Effendi arrive enfin, et comme il parle le français, nous avons le plaisir de causer quelques instants avec lui de mille choses intéressantes. Mitcho, en serviteur stylé, présente lui-même le café. Le sous-gouverneur est un homme fort intelligent, aimable et distingué, qui nous a laissé la meilleure impression.

Mal remise de mon insolation, je garde la chambre; mais, pour ne pas être importunée par les curieux, les marchands et les autres parasites qui viendraient s'installer chez moi, j'ai consigné Hassan à ma porte. Grâce à lui, je puis flâner un peu, écrire des lettres, prendre des notes, allongée sur un bon divan. De ma fenêtre, j'ai vue d'abord sur un cimetière turc qui étale sous mes yeux ses tombes mélancoliques, enfouies dans la mauvaise herbe, puis, au loin, sur une montagne couverte d'une forêt de conifères, grande rareté pour le pays. Aussi est-il interdit d'en couper les arbres, et par de bons sentiers serpentant dans les vertes prairies, les gens de Yozgat s'en vont, les jours de fête, jusqu'à la forêt, leur promenade d'été favorite.

7 juin. — Il y a ici une vieille famille arménienne pour qui nous avions été chargés à Angora d'une commission. Lorsque nous arrivons pour lui faire notre visite, nous sommes reçus par la vieille mère, la tante, une jeune fille, toutes ces dames coiffées en tresses et un foulard sombre tortillé en turban autour d'un fez à long gland. Les salutations à la turque échangées — et elles sont nombreuses, — ces dames nous font asseoir, et nous prient d'attendre le maître du logis, occupé à quelque affaire mercantile. Elles ne parlent naturellement que le turc, puisqu'il y a beau temps que les Arméniens ont dû oublier sinon de gré, du moins de force, la langue de leurs pères. Chez les hommes, cet oubli est plus apparent que réel : beaucoup d'entre eux ont conservé leur langue, mais je n'ai pas vu de femmes d'Anatolie sachant l'arménien. C'est la jeune génération, plus instruite, qui le remettra en usage. Il fut un temps où des édits condamnaient ceux qui persistaient à parler arménien à avoir la langue coupée; on conçoit que de tels procédés ôtaient le goût de s'exprimer dans la langue maternelle. Une de ces dames nous raconte précisément que quelqu'un des siens, je ne sais plus au juste lequel, avait subi bel et bien cet odieux supplice.

Le patriarche entre enfin : grand et maigre vieillard de mine autoritaire. A sa vue tout le monde se lève, et tout le monde reste debout jusqu'à ce que, s'étant assis lui-même, il nous prie fort gracieusement de reprendre notre place, nous, les visiteurs. Les femmes restent debout, y compris sa vieille épouse, toute petite, noire comme une taupe près de lui, si grand et si blanc dans sa barbe et ses cheveux de neige. Elles attendent plusieurs minutes que le maître les invite à s'asseoir, ce qu'il se décide à faire enfin. La politesse le veut ainsi. Nulle part plus que dans ces intérieurs arméniens on ne retrouve ce respect antique des parents, notamment du chef de la famille, dont la suprématie grandit avec l'âge. Les fils ne s'asseyent en présence de leur père que sur sa prière. Les femmes sont de véritables servantes.

En rentrant au konak, le soir, aux lueurs d'un superbe coucher de soleil, nous remarquons dans le bazar une certaine animation causée par l'arrivage d'une quantité de cerises d'Amasia. Tout le monde se presse autour des marchands. Riches et pauvres veulent goûter du joli fruit nouveau. Et nous, comme les autres, nous faisons emplette d'une provision, que nous nous mettons séance tenante à croquer.

On se couche sitôt après le repas du soir. L'air devenu très frais, le silence qui règne subitement dans la ville, les criailleries des chiens, le vent de conspiration que l'on respire ici, tout engage à chercher abri et repos dans ses draps.

La situation de Yozgat, isolée au milieu des montagnes, l'expose aux rapines et au brigandage des Tcherkesses établis çà et là dans les alentours. Les pâturages où paissent les troupeaux sont surtout le théâtre de leurs exploits. Une razzia de vingt chevaux a été faite récemment par ces audacieux voleurs : l'élite de la gendarmerie est en ce moment même à leurs trousses. Nos chevaux pourraient bien exciter aussi leur convoitise?... Un heureux sommeil vient couper court à mes craintes. Mais les attaques à main armée sont de plus en plus rares. C'est surtout sur les pauvres paysans sans défense, puisqu'ils n'ont point d'armes, que s'exercent les Tcherkesses, dangereuse espèce, plus redoutable en Asie Mineure que dans leur propre pays.

La femme du maire, qui a sa maison particulière de l'autre côté de la cour du konak, m'a envoyé, il y a deux jours, une de ses servantes, laideron sans âge, pour m'inviter à l'aller voir, disant que cela lui ferait le plus grand plaisir. Accompagnée d'une jeune Arménienne sachant un peu de français, je me rends chez cette dame, tardivement il est vrai! Les servantes, qui guettent notre arrivée, se précipitent au-devant de nous, et nous conduisent dans un salon, où après une courte attente apparaît la *hanoum*. C'est une grande et forte femme de trente-cinq ans environ, d'une beauté remarquable. Des traits réguliers, allongés, un teint délicat, des cheveux bruns magnifiques, mais surtout des yeux bleus longs, bien fendus, pleins de séduction. Seul le large pantalon qui lui sert de jupe me choque, car il fait trop valoir un exubérant embonpoint qui gagnerait à être dissimulé! D'une voix bien timbrée, mais traînarde, elle me dit tout d'abord, et non sans une pointe de malice accentuée, qu'elle n'espérait plus ma visite. « Je vous ai envoyé la plus laide de mes servantes, et, ne vous voyant pas venir, j'ai cru que vous aviez jugé toutes les femmes de l'Anatolie d'après elle, et que vous ne vous souciiez pas d'en voir d'autres. »

MOSQUÉE DE YOZGAT. — DESSIN DE BOUDIER.

Je protestai énergiquement et lui affirmai que je connaissais déjà la beauté justement vantée des femmes de ce pays, etc., etc. La pauvre servante, qui avait entendu le discours de sa belle maîtresse, s'était retirée honteuse dans une pièce voisine, comme pour cacher cette laideur, objet de notre risée. Sur ces entrefaites arriva la fille aînée du maire, belle jeune femme de seize à dix-huit ans, fraîche, rebondie, en pantalon large et en veste de soie ouverte sur une poitrine nue haute et ferme qu'elle découvre entièrement. Une petite coiffure ornée de fleurs sur la tête, des tresses sur les épaules, tel est son costume, semblable à celui de sa mère. Toutes deux ont les pieds nus dans des babouches. Des yeux bruns, prompts et vifs, agrandis à l'antimoine, donnent à la physionomie de la jeune hanoum une vivacité agréable. Mère d'un bébé fort grognon, elle me raconte qu'elle a fait venir le médecin pour l'enfant, et que les remèdes ordonnés par lui n'ont fait qu'augmenter ses souffrances. « Aussi, me dit-elle en riant, j'ai laissé là les fioles du docteur et j'ai commencé un traitement de bonne femme dont j'attends le plus grand bien. » On voit que ces dames turques de l'intérieur ne sont ni bornées ni dépourvues d'espièglerie : il ne leur manque que de l'instruction.

La cérémonie des rafraîchissements commence. Le verre de *cherbet* (sirop), puis la cuiller de confiture et la gorgée d'eau glacée. Cherbet et confitures sont généralement délicieux, les femmes d'Orient excellant dans l'art de les préparer. La jeune hanoum me présente, pour m'essuyer le bout des doigts, une serviette brodée d'or et d'argent. C'est sans doute un ouvrage exécuté par ses blanches et belles mains, très soignées et dont les ongles fins ont été teints au henné.

Ce n'est que la première partie de la cérémonie. La seconde comporte le café, servi dans de minuscules tasses. Puis viennent les cigarettes, dont je n'use pas, à leur étonnement. Mon chapeau de feutre mou, mes gants, leur causent d'autres étonnements. Mes gants surtout. Elles ne me cachent pas qu'une main gantée de peau de chien n'a rien de séduisant.

Les questions pleuvent. « D'où viens-tu? Où vas-tu? Pourquoi voyages-tu dans ces pays où il n'y a rien à voir? » L'Anatolie est pour elles le plus triste pays de la terre. Vivre à Stamboul, voilà l'idéal! Les pauvres femmes soupirent après les splendeurs de la capitale, tout comme certaines de nos provinciales, d'intelligence vive et curieuse, soupirent après Paris.

Avant de partir, je voudrais les photographier. « Hélas! c'est impossible, disent-elles : nos maris sont jaloux. Ils se mettraient dans une colère terrible s'ils l'apprenaient. » Une cause de vif dépit pour ces dames, c'est d'être privées de me rendre ma visite, comme elles l'avaient espéré, messieurs leurs époux arrivant le soir même.

En 1894, nous avons fait de Yozgat une rapide excursion à Tavium (Nefez-Keui), qui en est peu éloigné. Ses ruines romaines, jadis si importantes, sont aujourd'hui tellement dispersées, que la visite de Tavium n'offre plus d'intérêt.

HADJI MEHEMET (PAGE 450). D'APRÈS UNE PHOTOGRAPHIE.

Dedik. — Tumulus. — Fouilles. — Orage.

La caravane a repris sa marche ce matin. Nous allons vers Césarée, que nous atteindrons à petites étapes. Un nouveau zaptié, monté sur un superbe cheval arabe, est venu grossir notre escorte, qui ne connaît pas suffisamment les sentiers de la région, ainsi qu'un jeune Turc qui désire nous accompagner à cheval jusqu'à son village. Devant nous se déroule un paysage dénudé, monotone, exaspérant à force d'être toujours le même! De pauvres villages en pierre sèche tachent çà et là les maigres pâturages. A l'entrée de chacun d'eux se voient les cuves en pierre dans lesquelles les femmes viennent écraser le blé destiné à préparer le *boulgour*, mets national de l'Anatolie. Ce blé, pilé, lavé et séché, s'emploie comme le riz, qu'il remplace : c'est le *pilaf* du pays. Chaque village possède aussi, près du cimetière, sa pierre funéraire sur laquelle on lave les morts.

La population, trop faible pour l'étendue du pays, ne suffit pas à mettre en culture ces grands plateaux déserts. Les paysans, découragés par les impôts, le brigandage des Kurdes et des Tcherkesses, par le manque de voies de communication, par l'abandon moral dans lequel ils sont plongés, se bornent à ne travailler que juste ce qu'il leur faut pour vivre. Aussi, à part quelques cultures de blé, les troupeaux sont l'unique occupation du pays. C'est pourquoi, en dehors des villages, les monts et les vallées n'ont d'autre vie que celle apportée par ces derniers : chèvres à toison soyeuse, moutons à queue grasse, ânes, bœufs et chevaux qui paissent une herbe courte et aromatique. Leurs clochettes animent de leurs perpétuels tintements ces vertes solitudes, et bercent souvent nos marches. De loin en loin, la voix claire d'un pâtre, chantant quelque lente mélopée ou les bienfaits d'un sultan des temps passés, révèle au voyageur la présence d'un être humain. Et ce pays, qui semble vierge de civilisation dans ce cadre pastoral, vous réserve cependant des surprises, telles que la rencontre d'une pierre funéraire portant inscription grecque; ou bien celle d'un fragment de colonne, vestige de l'époque romaine; un khan ruiné de l'époque perse; toutes sortes de débris des dominations diverses ayant subjugué cette partie de l'Asie, et, en même remontant à travers les âges, des bas-reliefs hétéens dont la mystérieuse présence dans la Ptérie et sur d'autres points n'a pas encore été expliquée. Ces débris, empreints d'un certain art, voire parfois d'un grand sens architectural, contrastent vivement avec les masures de terre des bourgades modernes. C'est une mélancolique promenade que nous faisons dans le passé, plus vivant dans sa mort que le présent.

Un reste encore des temps meilleurs de ce pays, sans remonter bien haut, c'est la fréquence relative des fontaines échelonnées sur les voies fréquentées par les caravanes. L'Anatolie possède des sources bien captées, et que de petits monuments en maçonnerie ou en pierre signalent de loin aux regards. Chacune de ces fontaines porte, encastrée dans ses murs, une plaque de marbre sur laquelle des inscriptions turques, souvent belles, indiquent la date de sa construction et le nom du bienfaiteur ou du souverain à qui on la doit.

La carte de Kiepert est blanche sur cette région, de sorte que nous allons un peu au hasard à la recherche du village de Dedik que nous nous sommes assigné comme but de l'étape. Une heure avant Dedik on entre dans la vallée fraîche et riante du Kanak-Sou : agréable surprise pour des yeux las de contempler toujours un sol nu et aride. Une dense végétation composée de peupliers, de saules, d'arbres fruitiers, de vignes superbes, de tamarix, ombrage la rivière. Un arbuste à feuillage petit et blanchâtre emplit l'air du parfum pénétrant de ses fleurs jaunes et vaporeuses. Cet arbuste, qui constitue en partie les haies de ce pays, est très répandu en Anatolie. Des terres soigneusement cultivées et bien irriguées annoncent l'approche du village. Celui-ci s'offre bientôt à notre vue. La masse importante de ses maisons grises, propres et bien bâties dénote une population aisée. Dedik est musulman. Le mouktar, un bon Turc, nous prie d'accepter l'hospitalité dans la *mussafir-odassi* (maison des voyageurs). C'est une construction neuve, propre et décorée avec un certain goût. Nous acceptons, car la présence, à Dedik et dans son voisinage, de superbes tumulus engage M. Chantre à s'y établir pour quelques jours.

. . . .

FEMME TURQUE. — DESSIN D'OULEVAY.

Une escouade de soixante travailleurs recrutée assez rapidement a été installée sur l'un des tertres, appelé Orta-Euyuk, et y pratique depuis deux jours une large tranchée centrale. La chaleur est accablante. Un nuage noir, énorme, s'avance rapidement sur nous. Le signal du départ a été donné trop tard, car soudain l'air embrasé fraîchit, un violent coup de vent enlève notre tente légère dressée au sommet du tumulus, et une pluie torrentielle mêlée de grêle se met à tomber, accompagnée d'un formidable coup de tonnerre. Le gros nuage est venu crever juste au-dessus de nos têtes. Un affolement général s'ensuit chez nos hommes désespérés par la grêle. Ils pensent à leurs beaux jardins, à leurs récoltes, et tremblent surtout pour le blé. Alors d'un commun mouvement ils s'agenouillent et se mettent à prier Dieu à voix haute. Quel spectacle simple et touchant que ces hommes rudes implorant le ciel avec ferveur!

« Allah! Allah! » gémissent-ils, la tête courbée, sous l'œil ému des chrétiens témoins de cette scène.

Enfin un *amin* (amen) s'exhale de leurs poitrines. Ils se relèvent, résignés d'avance à se soumettre à la volonté de Dieu.

JEUNE TURC DE YOZGAT. DESSIN D'OULEVAY.

Pour s'abriter des torrents d'eau, nous nous sommes réfugiés dans la tranchée, couverte de notre tente-abri, au risque d'y être ensevelis. Peu à peu cependant l'orage a pris fin. Le soleil vient sécher les vêtements et ramener la gaîté sur les visages. Il n'y a pas eu trop de mal.

Après le déclin du jour on reprend, en bande, le chemin du village. Puis Mitcho procède à la paye des hommes, ce qui donne toujours lieu à d'interminables paroles de la part de nos prolixes travailleurs. Ils sont tous contents, néanmoins, d'empocher quelques belles piastres neuves. On ne saurait croire combien l'argent est rare dans ces villages. Le soir venu, Mitcho et Hassan nous servent à dîner, puis on s'assoit sur le seuil de la *mussafir-odassi*. Nos hommes, zaptiés et caravaniers, qui couchent en plein air le long du konak, sont déjà installés à la turque sur les matelas que leur ont apportés les habitants, et font leur kief après dîner. La rangée des petits feux rouges de leurs cigarettes révèle seule leur présence, car ils se tiennent immobiles et rêveurs.

Les notables du village, c'est-à-dire les gros turbans, viennent s'accroupir autour de nous, en rond. On fait un brin de causette. La nuit est belle; les étoiles brillent d'un singulier éclat dans la voûte sombre du firmament. Chacun jouit longuement de cette accalmie après le dur labeur du jour, et ce n'est que devant les atteintes d'une vive fraîcheur qu'il faut mettre fin à notre contemplation nocturne, si exquise aux pays d'Orient. Dans notre maison aux vitres manquantes vont et viennent, affairés, des oiseaux dont les nids s'accrochent au-dessus de nos têtes. Gens et bêtes fraternisent : on ne s'en porte pas plus mal.

C'est le moment de l'année où les employés du gouvernement chargés de prélever les impôts et de les recevoir font leur tournée. Nous les rencontrons dans plusieurs villages. Ce n'est pas une affaire de peu d'importance que celle de récolter les impôts. Il faut déjouer les ruses des paysans, lesquels ne se font pas faute d'en user, étant donnée leur pauvreté extrême. Chaque demeure est inspectée dans ses coins et recoins afin de vérifier que l'on n'y cache pas de mouton ni de chèvre. Le paysan paie annuellement trois piastres et demie par tête de mouton et trois piastres par chèvre. Lorsque ces pauvres gens ne sont pas en état de payer leurs impôts, les employés s'installent chez eux, à leurs frais, et restent jusqu'à ce qu'ils aient trouvé l'argent nécessaire. Ce sont là des procédés qu'il ferait beau voir s'établir chez nous!

NOS ZAPTIÉS. — DESSIN D'OULEVAY.

Terzili-Hammam. — Boghazlian.

Après avoir traversé le village arménien de Kutchuk-Tchat, où se voient un grand tumulus et une pierre portant une inscription grecque en très bon état de conservation, nous arrivons à Terzili-Hammam, eaux thermales fameuses, réputées dans tout le vilayet. La première chose qui nous frappe en mettant pied à terre, c'est la vue d'une belle ruine en marbre blanc, qui n'est autre chose que la façade d'un therme, probablement royal, construit dans le style romain de la bonne époque. La présence de cet élégant édifice en ce lieu atteste que les eaux chaudes de Terzili ont été en honneur chez les anciens, et il n'y a pas de doute que la construction d'un édifice aussi important n'ait entraîné celle d'une bourgade, sinon d'une ville. En effet, sur une longueur de près de deux kilomètres, les habitants ont dégagé une muraille d'enceinte épaisse de trois mètres environ. Partout le sol a été creusé pour en extraire les pierres de taille, les marbres en morceaux avec lesquels ont été bâties les maisons actuelles. Un beau marbre blanc y abonde particulièrement. Enfin il n'est pas de jour où les travaux du sol ne mettent à découvert des stèles funéraires avec inscriptions grecques, voire même des débris de colonnes. Le sol renferme, en outre, quantité de monnaies à l'effigie de Justinien. Le professeur Ramsay a identifié ce site avec celui des sources chaudes appelées *Aquæ Saravenæ*.

Sur les anciennes piscines dallées de marbre du therme royal ont été construits deux bâtiments modernes, l'un pour les hommes, l'autre pour les femmes. Autour de ces bains s'alignent les masures louées aux malades qui viennent y faire leur saison. Enfin à 200 mètres de là se dresse le village actuel, composé de vingt-cinq maisons seulement et fondé il y a douze ans par des émigrés lazes de Kars et d'Ardahan.

Les femmes en traitement sont au bain au moment de notre arrivée, mais leurs servantes noires et blanches ont vite fait de les mettre au courant de l'événement. Notre campement est dressé dans leur voisinage. On les entend rire et gazouiller. Ce n'est que vers le soir qu'elles sortent, soigneusement enveloppées dans leur blanc *feredgé* et strictement voilées. Le séjour de ces dames au bain comprend quatre heures le matin, et autant sinon plus le soir. Je désire, naturellement, faire leur connaissance, mais je ris fort de leur envie, plus grande encore, de faire la mienne. Nos tentes sont placées à 50 mètres de leurs cabanes, et par les petites lucarnes percées de notre côté je ne vois que mains qui s'agitent, mouchoirs qui flottent : « Hanoum, hanoum, me disent-elles. Viens nous voir, nous t'attendons! » Une servante voilée me glisse à l'oreille de venir au plus vite. Je me décide, et suis l'esclave jusque dans la maison où ces dames assemblées se démènent à qui arrivera la première vers moi. Elles sont une dizaine avec des enfants, jeunes pour la plupart et quelques-unes fort jolies. A leur toilette de bon goût, à la richesse de leurs bijoux, on voit qu'elles appartiennent à la bonne société. L'une d'elles est coiffée d'une calotte brodée de perles et ornée de diamants sur le front, d'un joli effet.

TCHOR-GÖZ KEUPRUSSI (PAGE 441).

VILLAGE TROGLODYTIQUE (PAGE 442). — DESSIN DE BOUDIER.

Très excitées par les eaux, je suppose, elles crient, gesticulent, m'examinent en tous sens. Elles me questionnent tout en défaisant mes cheveux, en essayant mon casque, en me mettant leurs jolies calottes brodées. Enfantillages auxquels je suis habituée de leur part, ainsi qu'à certaines de leurs indiscrétions. Enfin je leur pose

TUMULUS DE DEIME (PAGE 437). — GRAVURE DE BOCHER.

à mon tour des questions. Que viennent-elles faire ici? Quelles maladies ont-elles à traiter, elles si enjouées, si fraîches pour la plupart? La plus âgée vient pour ses yeux; elle est en effet atteinte d'une ophtalmie. Une femme de vingt ans vient pour obtenir un garçon, ayant déjà une fille. Une autre, de dix-huit ans à peine, se plaint de n'avoir pas encore eu d'enfant, et demande aux eaux de Terzili de conjurer sa stérilité! Une quatrième souffre de l'estomac. Bref, ces eaux chaudes merveilleuses sont regardées comme guérissant tous les maux. La plus jeune femme, qui est très jolie, porte ses cheveux courts et bouclés comme un jeune garçon; son corps mince, à peine formé, achève la ressemblance. Ses sourcils sont rejoints au pinceau. Elle essaye mon casque, et l'on peut dire que jamais plus laide coiffure n'abrita plus charmant visage. Je m'arrache avec peine à leurs câlineries d'enfants gâtées, et m'enfuis au campement, où l'on commence à être inquiet de mon absence. Malheureusement ces dames chantent à tue-tête toute la nuit, ce qui est loin de nous charmer.

14 juin. — A 4 heures et demie du matin je vais au bain pour prendre la température de l'eau. O stupeur! mes chanteuses enragées de la veille y sont déjà, et je les trouve transformées en de belles naïades. Les unes nues comme Ève, les autres vêtues d'un élégant pagne, elles nagent, plongent, s'ébattent en poussant des cris et des rires. Le tableau est délicieux. Je m'attarde à les contempler. Debout au milieu de la piscine, la jeune femme aux cheveux courts, nue et les bras ouverts, chante à plein gosier, pareille à une fée de l'onde.

Lorsque nous nous mettons en route pour Boghazlian, nous sommes frappés de la mine piteuse de notre schef de caravane. Hadji Mehemet souffre d'un violent mal de dents. C'est ce qui explique l'immense bandeau dont il s'est affublé la tête. De Terzili-Hamman à Boghazlian, on se tient à une altitude qui oscille entre 1000 et 1200 mètres. Des vestiges antiques se voient un peu partout : traces d'habitations, poteries, tuiles, fûts de colonnes, attestent que ce pays nu et désert a connu des jours meilleurs. A 4 heures de l'après-midi, et par une température de 37 degrés, nous apparaît la cime majestueuse de l'Argée, dont nous saluons avec respect le cône puissant, couvert de neige.

C'est sous un ciel gros de nuages que nous entrons dans le bourg de Boghazlian, situé dans une plaine marécageuse. On y compte quatre cent cinquante maisons, partagées entre une population moitié turque, moitié arménienne. L'aspect en est terne et triste comme celui de tous ces villages bâtis en terre. Le clocher de l'église arménienne émerge au-dessus des toits plats. Lorsque nous passons devant lui, la cloche tinte, mais d'un ton cassé et lamentable qui est bien en harmonie avec la situation des fidèles qu'elle appelle. Quelques minarets viennent en outre çà et là couper la monotonie plate du village.

Le pays est trop malsain pour que nous désirions y camper : aussi acceptons-nous l'hospitalité chez de braves Arméniens qui mettent gracieusement à notre service leur maison, fort propre.

La principale richesse de Boghazlian consiste en troupeaux. Les chevaux, les bœufs, les ânes, les moutons y sont élevés en assez grand nombre.

En 1894, nous revînmes à Boghazlian en allant à Césarée. — Le choléra venait d'y éclater et l'on eût dit entrer dans une bourgade morte, tant les rues en étaient désertes; les habitants effarés que l'on voyait çà et là avaient l'air de fantômes désolés. Il n'y avait alors ni médecin, ni pharmacien. Nous y passâmes une nuit, et durant ce court séjour mon mari ne cessa de prodiguer ses médicaments et ses soins aux malheureux affolés qui venaient lui demander à genoux de sauver, celui-ci sa femme, celui-là son fils. Spectacle atroce s'il en fut, mais qui n'était que le prélude de ce qui nous attendait à Césarée.

CHÂTEAU RUINÉ D'ERKILET (PAGE 443). — D'APRÈS UNE PHOTOGRAPHIE.

A quatre kilomètres à l'ouest se trouvent des eaux thermo-sulfureuses, provenant de trois sources qui jaillissent au milieu d'un marais comme un véritable geyser. Elles déposent une matière calcaréo-ferrugineuse qui a rempli jadis une partie de la plaine, et les eaux du Kouzoun-Euzu ont dû s'y frayer un passage. Après Boghazlian, nous rejoignons la route de Yozgat à Césarée, sur laquelle se trouvent plusieurs khans. Nous décidons de camper le soir près de l'un d'eux, dans le voisinage d'une belle fontaine, et non loin d'un village tcherkesse.

Un superbe Arabe descendu au khan vient, vers le soir, faire ses ablutions et jeter un coup d'œil sur notre campement. C'est un riche négociant, me dit-on, venu dans ce pays dans le but d'acheter une fille tcherkesse pour son harem, car la vente des filles se pratique toujours chez ce peuple, vraiment peu intéressant, au point de vue moral, que l'on appelle les Tcherkesses. La race est restée belle; leurs filles seront toujours les plus recherchées de l'Asie, et sont, par ce fait, d'un bon rapport pour leurs parents, qui les vendent à des prix fort élevés parfois, suivant l'âge, la beauté de la jeune personne. Ce sont les Circassiennes et les femmes de couleur originaires de l'Afrique qui seules peuvent être vendues comme esclaves en Turquie. Et par esclave il ne faut pas toujours entendre souffre-douleur, malheureux. Les Orientaux ont grand soin de leurs esclaves, objet de luxe qu'ils achètent quelquefois fort cher, auxquels ils s'attachent, et qui sont traités souvent comme des enfants de la maison, surtout les filles. C'est ce qui fait dire aux gens du pays que, loin de les plaindre, il faut féliciter ces jeunes Tcherkesses de quitter la triste masure familiale, où le sens moral n'existe pas, pour devenir d'heureuses favorites bien parées, aimées, choyées, ou des servantes dans de bonnes maisons où elles seront traitées avec certains égards.

VALET DE BERGERIE. — DESSIN D'OULEVAY.

Quoi qu'il en soit, cette vieille question de la position sociale de la femme en Asie reste toujours la même. Captives, demi-captives, voire même libres, leur sort n'est jamais bien enviable. En souffrent-elles absolument? Je ne le crois pas, d'autant plus que l'absence de toute culture intellectuelle, les lois de l'hérédité, en font des jouets dociles et résignés, tout prêts à ce rôle qui soulève notre indignation. Toutefois ceci ne s'applique qu'à la catégorie des femmes du peuple et des petits marchands ou bourgeois turcs qui n'ont reçu, comme je l'ai déjà dit, aucune espèce d'instruction, et qui vivent, dès leur naissance, au sein des superstitions les plus grossières, je dirai même du libertinage incroyable qui existe dans les harems de ce genre. Mais, dès que l'on s'adresse à la haute société musulmane et surtout aux femmes des grandes villes, on se trouve en présence d'une évolution manifeste et redoutable pour ceux qui demeurent attachés aux vieilles et absurdes lois. Instruite, élevée par des institutrices européennes, la jeune hanoum n'entend pas de partage dans l'affection de son mari. Elle veut, elle exige la promesse, en se mariant, qu'elle sera l'épouse unique et respectée. Se voiler dans la rue, sortir toujours séparément, renoncer au théâtre, aux distractions des concerts, des bals, des réunions mondaines, n'est-ce pas déjà suffisant? Surtout quand on est jeune, jolie, charmante, que l'on parle purement trois ou quatre langues, que l'on est musicienne, que l'on sait s'habiller comme n'importe quelle belle madame X..., Française, Anglaise ou Allemande, et que l'on aurait sûrement autant et plus de succès que celle-ci, si l'on allait dans le monde.

Tchok-Göz Keuprussu. — Un village troglodytique. — Erkilet. — Chez Hadji-Mehemet.

Après une nuit pluvieuse passée près du khan, nous gagnons le Kizil-Irmak à l'endroit où il est traversé par le grand beau pont appelé *Tchok-Güz Keuprussu*, « le pont à beaucoup d'yeux », c'est-à-dire à beaucoup d'arches arrondies. Sur ce point le Kizil-Irmak est bordé sur sa rive droite par une ligne de rochers percés d'innombrables grottes dans lesquelles il faut voir des villages troglodytiques des premiers âges. Celui-ci est particulièrement curieux parce qu'il est habité : c'est la propriété privée d'un pacha qui y a établi une bergerie. Une petite construction toute moderne est la demeure du propriétaire lorsqu'il vient visiter son bien. On nous permet d'y faire la sieste et d'y déjeuner, après quoi nous procéderons à la visite des grottes, devant lesquelles court sur une certaine longueur une galerie couverte, moitié naturelle, moitié artificielle, qui forme dans tous les cas un pittoresque balcon au-dessus de la rivière.

Les grottes ou chambres ont, en général, une forme arrondie; elles n'ont pas d'autre ouverture que la porte et sont munies au centre d'un foyer creusé dans le roc. L'une d'elles, occupée par trois jeunes Turques, femmes des bergers et valets, présente un air fort propre, malgré son étrangeté et son manque absolu de confort. Des nattes en jonc couvrent le sol. La literie est empilée soigneusement dans un coin; quelques ustensiles de cuisine sont rangés dans un autre, et les femmes, accroupies, causent en fumant des cigarettes. Après avoir examiné leur singulier logis, je les félicite d'habiter ainsi haut perchées au-dessus de l'eau. De leur balcon naturel on peut s'accouder pour voir couler le Kizil-Irmak — maigre réjouissance et spectacle monotone au plus haut point. — Enfin, je fais de mon mieux pour trouver le logis charmant. Mais ces dames ne s'y méprennent pas; elles me répondent d'un ton net que leur séjour est atroce, qu'elles s'y ennuient mortellement et qu'elles seraient bien heureuses d'habiter une ville!...

Les grottes se développent sur un, deux et quelquefois trois étages, suivant la hauteur du rocher, communiquant entre eux à l'aide de puits intérieurs. A moins que les salles percées de ces puits n'aient été affectées par les troglodytes à l'usage exclusif de vestibules communs aux étages, on ne devait guère jouir d'une minute de tête-à-tête dans ces singulières cités où les allants et venants devaient surgir à chaque instant de l'orifice des puits, à l'intérieur desquels de grossiers échelons facilitaient la descente ou la montée. Quant aux salles elles-mêmes, parfois assez vastes, elles sont occupées aujourd'hui par les moutons et les brebis du pacha. Une accumulation de fumier recouvre le sol. Je ne dirai rien des puces, sinon que nous en étions noirs en sortant de cette visite, ce qui faisait rire un beau Turc, gardien du *tchiftik*, excellent type du paysan d'Anatolie.

La bergerie n'a pas d'autre eau que celle du Kizil-Irmak, d'une vilaine couleur jaunâtre, que nous nous résignons à boire, non sans dégoût. Nous ne pensions pas alors que l'année suivante nous ramènerait sur ces tristes rives, et qu'une quarantaine barbare nous y retiendrait presque sans vivres, sans eau potable et sous un soleil torride.

Toute cette partie de la vallée de l'Halys est riche en grottes du même genre. Dans son ensemble l'aspect du pays est volcanique et rappelle le Velay. De Tchok-Göz Keuprussu, que nous quittons après un assez long repos chez les troglodytes, nous allons par des sentiers difficiles pour les bêtes de charge, parce qu'ils courent sur la roche nue, jusqu'au village d'Emirler, où nous arrivons à 5 heures du soir. Ce village est adossé à une colline. Il est pittoresque et paraît plus aisé que la plupart de ceux que l'on rencontre dans cette région. Les ruines d'une forteresse surmontent Emirler. De belles assises anciennes se voient un peu partout dans les maisons. Le sol a donné des débris de poteries, des monnaies, des croix grecques et byzantines. D'Emirler à Erkilet il y a trois heures à cheminer dans le même paysage volcanique. Nous approchons aussi de Césarée, que nous aurions voulu atteindre directement. Mais, Erkilet étant le village de notre Hadji Mehemet, il nous a tant engagés à le visiter, à nous y arrêter, ne fût-ce que pour une nuit, que nous avons

TERZILI-HAMMAM (PAGE 437). — DESSIN DE BERTRAULT.

JARDINS D'ERKILET. — DESSIN DE BOUDIER.

cédé et décidé d'y coucher. Un peu avant Erkilet, qu'il surplombe, se dresse un tertre naturel, de 60 mètres de hauteur, surmonté d'un petit château ruiné, fort élégant, dans le style persan.

De ce château nous gagnons le village, qui est bien un des plus pittoresques de la région. Construit à pic sur une colline volcanique, il est sillonné de rues fort raides, mais très bien faites. Une chaussée de géants admirablement taillée et pavée relie le château à la partie supérieure d'Erkilet. On est ici, à vrai dire, plutôt en présence d'une ville que d'un village. La cité d'Archilistion a compté jusqu'à 1 500 maisons. Elle fut habitée d'abord par les Perses, et le château aurait été un de leurs postes de signaux avec la contrée environnante. Des Perses, elle passa aux mains des Grecs, puis à celles des musulmans. Les Grecs ont été absorbés en partie par l'islam. Il y a pourtant encore un quartier grec, plus un quartier arménien et un turc. En tout, on y compte actuellement 1 100 maisons. Des famines, des tremblements de terre ont causé pas mal d'émigrations. Les maisons d'Erkilet sont accrochées à la montagne, percée elle-même de grottes dont les ouvertures noires, alternant avec celles des habitations, donnent au village un aspect des plus bizarres. La pierre taillée a été employée dans la construction des maisons, et celles-ci, quoique en mauvais état actuellement, portent encore dans leur architecture un souvenir de l'art persan.

Au bas d'Erkilet s'étendent de beaux jardins remplis de noyers superbes, de vignes, d'arbres fruitiers de toutes sortes. Cette végétation luxuriante est entretenue par de belles et abondantes sources. Enfin, ce qui est surtout remarquable ici, c'est la vue dont on jouit sur la plaine de Césarée et le massif de l'Argée qui se dresse bien en face, avec la ligne nette de ses contreforts. A 8 kilomètres de là, au pied même de la montagne, s'étend Césarée, la métropole antique de la Cappadoce, et sa position dans la plaine insalubre est loin de valoir celle d'Erkilet.

Lorsque Mehemet, notre chef de caravane, insistait tant pour nous faire descendre chez lui, nous ignorions qu'au logis l'attendaient trois femmes! Or loger des chrétiens dans une maison où il y a trois musulmanes n'est pas chose facile. On nous installa pourtant dans une chambre, celle de la plus jeune épouse, Gul hanoum. Tout d'abord nous ne vîmes aucun être féminin dans cette maison, mais les invisibles houris daignèrent se montrer sitôt que M. Chantre eut les talons tournés. Tandis que je m'arrangeais de mon mieux dans l'étroite chambre grillée de Gul hanoum, celle-ci entra. Je me trouvai en présence d'une grande belle fille de vingt ans, aux traits réguliers, énergiques, mais, dans l'ensemble, un peu trop hommasse et sans distinction. Elle s'empressa de m'expliquer que Mehemet avait trois femmes; qu'elle était la dernière; qu'il n'avait pas d'enfant; qu'elle était de Kaïsarieh, etc., etc. Après son départ vint la seconde femme, Fatma hanoum, à peine âgée de trente ans. Beaucoup plus fine que Gul, elle a de jolis traits fanés. Elle aussi me raconte l'histoire des trois femmes. Elle excuse Mehemet de son troisième mariage en disant qu'il lui fallait bien une femme plus jeune, plus fraîche qu'elle! Et cette fille de Kaïsarieh qui a vingt ans lui paraît l'idéal du genre. Énormément intéressée, je les écoute me raconter leur vie et m'ouvrir sur le monde de leur pensée des horizons tout nouveaux. Ce qui me frappe chez celle-ci, c'est que, loin de se montrer jalouse ou rancunière, elle excuse son mari, qu'elle semble aimer passionnément. Ce n'est que vers le soir que la première femme se présente à mon mari et à moi, sans voile. Agée de trente-cinq ans tout au plus, elle en paraît quarante-cinq au moins. Elle est pâle et maladive, mais des trois elle est la plus vraiment belle. Plus résignée encore que la seconde, elle nous recommence l'histoire des trois femmes de Mehemet. Aujourd'hui très délaissée, elle n'en est pas moins la véritable maîtresse de la maison. C'est entre ses mains que sont placés les intérêts du ménage. Elle traite les autres comme des camarades (comme des compagnes de chaîne) et en même temps comme des subalternes. Elle aussi semble adorer son coquin de mari. Celui-ci, quoique assez aisé, n'a pas les moyens de leur donner des maisons indépendantes, aussi doivent-elles se contenter d'une chambre pour chacune. Les autres pièces sont en commun.

Le mobilier de l'appartement de Gul hanoum est fort simple. Un divan tout le tour, un tapis au milieu. Des matelas et des couvertures ouatées dans un coin (la literie est une des richesses de la maison turque), une malle verte qui contient le trousseau de la jeune femme, un coffret vert où elle met ses bijoux et ses bibelots, un mauvais miroir. A des clous sont suspendus, dans des étuis brodés, ici un gros peigne, là ce qu'il faut pour se peindre les yeux, ailleurs enfin le henné pour les doigts et les cheveux. Des fenêtres grillées donnent au séjour de la houri un air de mystère... et de prison. Mais, au fond, la demeure et l'habitante n'ont rien qui puisse justifier les élans d'une imagination poétique. Cet intérieur donne une idée générale de tous les petits intérieurs campagnards un peu aisés.

Le maître et les femmes se multiplient autour de nous, dans le but intéressé de nous garder un jour de plus. Des repas plantureux, à la turque, nous sont servis. Le soir, les femmes préparent nos lits, c'est-à-dire étendent par terre des matelas. Les draps sont de grandes pièces de coton rayées en couleur et brodés de soie. Hélas! malgré les belles broderies éclatantes de ma couche, malgré mes coussins et mes couvertures confortables, je dors mal. Au dehors, les chiens aboient sans cesse; dans le voisinage, des enfants pleurent, et ici les puces ne nous laissent aucun repos.

Le jour venu, les femmes d'Hadji Mehemet guettent avec impatience le départ de M. Chantre pour venir me voir ainsi que mon bagage qui excite leur curiosité. En dehors des travaux du ménage, ces villageoises n'ont d'autre occupation que de bavarder entre voisines et parentes. Elles échangent des visites, vont au bain, fument des cigarettes. Celles qui ont des enfants s'en occupent assurément, mais leur présence n'empêche pas les langues de marcher, et pourtant les propos qui se tiennent dans ces réunions féminines ne sont pas faits pour des oreilles chastes.... J'ai hâte de reprendre notre vie au grand air; cette atmosphère de harem campagnard me pèserait vite. Il me faudra pourtant prendre patience jusqu'à ce que j'aie réalisé, sur les têtes écervelées de ces dames, mes projets de mensurations anthropométriques. Le déballage de nos appareils photographiques et de mes compas semble les amuser beaucoup : je compte en faire mon profit.

(*A suivre.*) Mme B. Chantre.

VILLAGE D'EMIRLER (PAGE 442). — DESSIN DE BERTEAULT.

MOSQUÉE DE HADJI-KILIDJÉ (PAGE 449). — DESSIN DE BOUDIER.

EN ASIE MINEURE[1],

SOUVENIRS DE VOYAGE EN CAPPADOCE,

PAR Mme B. CHANTRE.

DERVICHE. — DESSIN D'OUCLEVAY.

Les habitants grecs nous ont envoyé une délégation pour nous prier d'aller visiter leur quartier. Celui-ci est situé tout en haut de la colline d'Erkilet, et sur ce point l'air est des plus vifs et la vue superbe. On nous fait visiter tout d'abord la vieille église, de style byzantin, sans caractère particulier, à part sa vétusté, puis on nous conduit chez un des notables dont la demeure est accrochée au sommet du rocher. Là, des vins, gâteaux, sucreries, nous sont servis par d'aimables femmes et jeunes filles. Celles-ci ont la bonne idée de nous donner le spectacle de quelques danses turques et grecques, peu différentes les unes des autres, accompagnées de chants traînards et de tambourin. Bien que les danses manquent de cet entrain et de cette gaieté qui règnent chez les nôtres, le coup d'œil en est charmant, car les jeunes filles sont pour la plupart jolies et gracieuses, surtout avec leurs beaux cheveux nattés en une quantité de tresses qui pendent jusqu'à la ceinture, reliées entre elles par des sequins d'or ou d'argent, à la mode du pays. C'est dommage que de si jolies personnes n'aient pas une plus juste notion de la musique. Elles nasillent d'une façon atroce leurs chants en ton mineur.

Parmi toute cette jeunesse brille au premier rang une fille de vingt ans, d'une beauté tout à fait remarquable. Grande, svelte, des cheveux bruns magnifiques; avec cela un fin profil de médaille, un teint mat et des yeux sombres frangés de cils très longs et recourbés. Nous l'admirons, Mitcho en particulier. La belle Grecque lui fait perdre la tête. Il frappe des mains, chante, se trémousse, et se mêlerait à la danse, si sa fonction d'interprète et notre présence ne le tenaient en respect.

En rentrant le soir au logis pour boucler nos malles, nous passons devant la mosquée, humble *djami*, au moment où le muezzin lance dans l'air limpide, d'une voix juste et harmonieuse, la prière du soir. A la lumière du crépuscule, cette minute est vraiment solennelle. Les Turcs debout, les uns sur leur porte, les autres dans la rue, les plus fervents dans la mosquée, écoutent, avec recueillement, le chant qui s'élève léger, pur, pour rappeler aux hommes l'existence de Dieu. Au moment où la prière s'envole sur les ailes

1. *Suite. Voyez p.* 409, 421 *et* 433.

du zéphyr, la nature offre un spectacle d'une rare beauté : l'Argée nimbé d'or rouge, surgissant des ombres violettes qui déjà enveloppent sa base et la plaine. Chez Mehemet, je trouve Gul hanoum faisant sa prière sur un vieux tapis fané.

Césarée autrefois et aujourd'hui. — Population. — Écoles. — Tallas. — Noce turque.

19 juin. — Départ pour Césarée (Kaïsarieh) au grand désespoir du harem. Les femmes se désolent de voir partir déjà leur cher époux!

Une bonne chaussée va d'Erkilet à Césarée; aussi s'offre-t-on le plaisir d'un temps de galop. Le long de la route se présente un élégant *turbé* (tombeau). Devant nous, la métropole, ville plate par excellence, dresse la masse confuse de ses maisons d'où émergent nombre de dômes, de minarets, de clochers qui annoncent au voyageur que des populations et des religions diverses vivent ici côte à côte, et pas en très bons termes, nous le savons déjà. Par des ruelles tortueuses, pleines de ruines, parfois fort élégantes, et pleines aussi de coins pittoresques, nous allons chez le mutessarif pour le prier de nous procurer un logement en ville. Ce fonctionnaire, Fekham-Pacha, de peu sympathique figure, ne parle que le turc, et ne témoigne pas un vif plaisir de nous voir dans ses murs. C'est un sentiment assez naturel, car ce que nous y avons appris de sa conduite pendant les troubles récents suscités par les Arméniens, de son caractère, de la façon dont il gère les affaires de la ville, n'est certes pas en sa faveur. En somme Fekham est un vilain pacha, zélé serviteur d'ailleurs, et bien protégé en haut lieu. Fort heureusement pour nous, un notable Arménien, M. Kalpakdjian, dont la famille est déjà installée à la campagne, met gracieusement à notre disposition sa vaste et confortable maison, que nous acceptons avec plaisir.

. . . .

La première mention de *Mazaca* a été faite par Strabon au moment où la Cappadoce venait d'être réduite en province romaine par l'empereur Tibère, et comme elle en était la métropole, celui-ci la surnomma Césarée en mémoire d'Auguste. De nos jours les Turcs l'appellent Kaïsarieh. Peut-être faut-il attribuer le manque absolu de murailles autour de Mazaca à ce fait que la contrée, d'origine toute volcanique, et sans cesse exposée à l'action des feux souterrains, offrait trop d'insécurité pour que ses habitants s'enfermassent dans une enceinte fortifiée. Strabon a d'autres idées à cet égard. Parlant de Mazaca, il dit : « Elle est située sur un sol peu convenable pour le placement d'une ville; elle manque d'eau, et elle n'a pas été fortifiée par des murs, soit par la négligence des souverains, soit de peur que les habitants, se confiant trop aux murailles, comme à une retraite sûre, ne se livrassent aux brigandages favorisés par leur position sur une plaine parsemée de collines d'où ils peuvent lancer des traits. »

Tombée sous la puissance romaine, Césarée se distingua, comme les autres cités de l'Asie ayant subi le même sort, par son zèle pour le culte des empereurs et des dieux de Rome. Elle leur éleva des temples nombreux, et, le titre de Néocore lui ayant été accordé, elle l'inscrivit aussitôt, avec orgueil, sur ses monnaies.

Des vestiges d'édifices publics tendraient à prouver qu'on essaya d'y introduire les habitudes romaines. Texier, qui a soigneusement parcouru les ruines éparses autour de la ville, crut avoir retrouvé l'emplacement du cirque de Césarée, un des monuments qui devaient être les plus fréquentés, étant donnée la passion de l'équitation, innée chez les Cappadociens. Quoi qu'il en soit, de ces édifices, peut-être somptueux, il ne reste pas d'autres traces que les fragments de marbres, nombreux il est vrai, qui ont servi à la réparation ou reconstruction de la forteresse et des monuments de la Césarée moderne. Nos promenades dans les alentours ne nous ont révélé que des ruines en pierre et en briques, tout à fait noircies par le temps et les incendies, d'églises byzantines, de chapelles, de maisons informes. C'est ce que l'on appelle ici la vieille ville (*Eski-Chehir*).

Sous Ariarathe, Césarée devint un séjour de savants. Néanmoins, cette province ne brilla jamais d'un vif éclat pendant la période romaine. Ce n'est qu'avec l'apparition du christianisme et les premières prédications de ses évêques que sa métropole se trouva en pleine vie politique. Les nouveaux convertis détruisirent les temples avec ardeur pour élever à leur place des églises. Bel enthousiasme interrompu par l'arrivée des Perses, ayant à leur tête Sapor. Après avoir pillé la Mésopotamie et la Cilicie, réduit Tarse en cendres, franchi le Taurus, la farouche armée vint assiéger Césarée, qui était gouvernée par Démosthène, et renfermait alors une population nombreuse. Malgré sa belle défense, la ville fut prise et devint le théâtre de cruels massacres exercés par le conquérant perse. En 326, Constantin donna Césarée pour résidence à Annibalianus qui venait de recevoir en royaume le Pont, la Cappadoce et la Petite-Arménie. En 363, Julien, non encore parvenu à l'empire, fonda avec Gallus la belle église de Saint-Mammas, qui fut dotée d'un clergé nombreux. C'était le moment où régnait dans toute sa rigueur la vie ascétique en Cappadoce, et ses grottes naturelles étaient devenues le séjour des religieux et des ermites.

Julien, empereur, voulut enrayer les progrès de cette religion nouvelle qui se propageait si rapidement, mais il se trouva en présence d'une telle résistance qu'il eut recours d'abord aux vexations, puis aux mesures cruelles. La persécution continua sous le règne de Valens. La voix éloquente de Basile s'éleva pour soutenir le principe de la foi chrétienne, et Valens impuissant se vengea en divisant en deux parties la province, et en transférant à Tyana le titre de métropole qu'avait porté jusqu'alors Césarée. Justinien s'occupa, nous dit Procope, à doter la ville d'un système rationnel de défense. Peut-être même faut-il attribuer la forteresse encore debout à cet empereur et non aux Seldjoukides, comme on le fait habituellement. Quoi qu'il en soit, c'est de l'arrivée des Turcomans dévastateurs que date la destruction des belles églises, et de tout ce qui fut la Césarée byzantine, dont l'emplacement même a été changé.

La ville d'aujourd'hui renferme des éléments chrétiens nombreux. La population est évaluée à 60 000 habitants, dont 32 000 Turcs. Après eux viennent les Arméniens grégoriens, puis les Grecs, les Arméniens catholiques et protestants.

TURBÉ PRÈS DE CÉSARÉE. — DESSIN DE BERTEAULT.

On a à Césarée l'impression d'une ville bien asiatique. Les toits plats, la teinte poussiéreuse des rues, des murs, des maisons; les ruelles étroites, véritables labyrinthes, encombrées de caravanes de chameaux lourdement chargés, de cavaliers, de piétons, de femmes voilées, tout cela crûment éclairé par un soleil incandescent, laisse loin derrière soi le souvenir mélancolique et froid d'Angora et de Yozgat. Dans le bazar assez vaste, neuf, aux voûtes élevées, règne une certaine activité. Il est regardé comme plus important que celui d'Alep. Les marchands crient, interpellent les promeneurs, offrent leur marchandise. Enfin, la vie y règne, et depuis le beau bazar de Stamboul, hélas! en ruine aujourd'hui, je n'avais plus vu ce spectacle animé et toujours captivant pour un œil quelque peu artiste, de ces ruelles marchandes pleines de soleil, alternant avec les hautes voûtes sombres et fraîches d'un bazar oriental. En résumé le marché d'ici est grand et bien approvisionné et les affaires sont toutes entre les mains des Arméniens, des Grecs et des Turcs, Césarée étant une des rares villes d'Orient où les Juifs ne peuvent établir un commerce lucratif. D'ailleurs les Kaïsariotes s'en vantent. Leur âpreté au gain est telle, que la lutte est impossible avec eux. A ce sujet circulent nombre d'histoires devenues proverbiales en Anatolie et au dehors.

Durant une promenade dans le bazar, mon fidèle zaptié Hassan, qui ne me quitte guère plus que mon ombre, roule des yeux féroces sur les badauds qui nous font escorte. De temps à autre un vigoureux coup de courbache les met en fuite et me rend la paix durant quelques instants. Pour le récompenser de ses bons services, je satisfais quelques-unes de ses plus grandes convoitises : un beau fez neuf remplace le sien visiblement fané; un ornement de poitrail, cuir rouge brodé de coquilles et de perles bleues, fera à son cheval une parure élégante. En revenant du bazar où un attroupement se forme autour d'un derviche qui se laisse photographier avec complaisance, je ne vois, en passant par des ruelles bordées de hauts murs en terre, qu'entassement de ruines sur lesquelles ont poussé, pêle-mêle, des constructions neuves. Des portes de mosquées ou d'anciennes églises richement sculptées, des morceaux d'architecture tout à fait remarquables sont cachés derrière d'odieux murs en pierres sèches. Aucune préoccupation artistique n'a, depuis longtemps, hanté la cervelle des édiles. Il faut croire que les maîtres du pays, tour à tour chrétiens et musulmans, ont pris plaisir à détruire ou à masquer les œuvres de leurs prédécesseurs.

A la nuit tombante, nous prenons notre repas, véritable festin, grâce à l'approvisionnement du bazar, puis nous allons faire notre kief sur la terrasse de la maison. De là, dans la poussière d'or cuivré de l'astre couchant, Césarée nous apparaît tout à fait fille d'Orient. Les masures de terre, les solides maisons en pierre avec leurs ouvertures en plein cintre et leurs galeries en arcades, de style presque mauresque; les bouquets de peupliers émergeant çà et là; les coupoles, les clochers, les minarets prennent un fort grand air. A cette heure crépusculaire règne partout sur les terrasses une activité extraordinaire. Les femmes, les jeunes filles aux robes de couleurs vives, apportent la literie de la famille qui va s'installer ici, et dormira à la belle étoile, pour fuir ainsi la chaleur intolérable qui règne à l'intérieur des demeures, et pour se préserver aussi des moustiques. Cette coutume de dormir en plein air, si répandue en Orient, est la cause principale des ophtalmies dont presque toute la population est atteinte.

. . . .

Des ruines éparses de Césarée, on peut dire qu'aucune n'a un caractère monumental, sauf la vieille mosquée de Houen, constituée par un ensemble d'édifices d'un caractère tout particulier, unique en Asie Mineure. Elle n'a de rapports frappants, dit-on, qu'avec celles de l'Arabie et de l'Égypte. Dans son ensemble, l'édifice est carré, entouré d'une solide muraille flanquée de tours rondes. On y pénètre par une porte extrêmement élégante. En la franchissant on se trouve dans le harem, lieu fermé. Ce portique de grandes dimensions a une cour intérieure disposée de la même façon que l'*atrium* des Romains, et ornée d'arcades en forme de fer à cheval dit, à tort, mauresque, car il a été employé par les chrétiens d'Asie avant que les Arabes l'eussent adopté. Le plan de la mosquée offre la même simplicité que celui du portique. Tout le luxe architectural a été réservé pour la porte et le turbé du fondateur de cet édifice. Ce turbé, qui est octogonal, repose sur un soubassement constitué par des encorbellements de style arabe. Ses huit faces sont formées par des arcades ogivales renforcées de colonnes soutenant un entablement du même style que le soubassement. L'édifice se termine en pyramide. Dans son ensemble cette chapelle est une vraie merveille de goût, et nous avons vivement regretté de ne pouvoir en prendre une bonne photographie, faute d'espace pour se reculer. Elle est bâtie dans un angle et de telle façon qu'elle est encaissée entre des murs ou obscurcie par eux.

A l'intérieur de cette chapelle se trouvent trois tombeaux, dont l'un attribué au fondateur. Nous remarquons un amas de chiffons déposés dans un coin par les gens qui viennent, dit-on, visiter ce turbé pour se préserver de la fièvre. En résumé, Houen m'a semblé être la Sainte-Sophie de Césarée, et la ressemblance paraît être d'autant plus vraie que les Arméniens en revendiquent, à tort ou à raison, la création. A Césarée même il m'a été dit que ce monument avait été primitivement une église chrétienne, appelée Sainte-Kevont, que les envahisseurs musulmans avaient transformée en mosquée. Cela est fort vraisemblable, car ce style si particulier, qui tient à la fois de l'art perse et de l'art arabe, et qui fait de ce monument quelque chose de tellement à part, se retrouve précisément dans les églises de l'Arménie. Les voyageurs qui ont parcouru les villes de Kars, d'Erzeroum, les vieux monastères de la vallée de l'Araxe et de la plaine de l'Ararat, ont l'œil fait à ce genre de construction et de décoration, et je crois que si l'on doit attribuer aux Arméniens un art propre, c'est celui-ci qui leur appartient. C'est au contact de la Perse et avec l'aide de ses artistes qu'ils en ont probablement tracé les premières lignes, mais il est hors de doute que ce style a été adopté et employé par les Arméniens dans toutes les régions témoins de quelques-unes de leurs époques prospères.

22 juin. — Visite de la forteresse. Celle-ci a la forme d'un vaste trapèze. Elle remonte au temps des Seldjoukides et rappelle celle d'Alep. Malgré son état de ruine, elle a encore fort grand air avec ses hautes murailles crénelées entourées de fossés. Il est curieux de remarquer la variété des matériaux qui entrent dans sa construction. Des débris d'architecture perse et arabe s'y voient à profusion; de belles inscriptions du temps des Seldjoukides y sont incrustées, mais on constate ce fait, déjà signalé, qu'il n'y a pas de fragments grecs. Plusieurs portes donnent accès dans l'intérieur, et par d'étroits escaliers de pierre on monte au faîte des murailles. Nous escaladons l'un d'eux, branlant, ruiné, et suivons la crête des remparts, protégés sur certains points par une seconde muraille, crénelée comme la première. Cette enceinte garde l'aspect d'autrefois avec ses corps de garde, ses prisons, ses écuries. Sur une des tours d'angle gisent deux petits canons.

UNE RUE DE CÉSARÉE. — DESSIN DE BOUDIER.

L'intérieur de la forteresse est occupé par un quartier turc, dont la population est des plus misérables. Les ruelles étroites qui le sillonnent sont encombrées de fumier et de détritus. Il règne ici une odeur infecte : tout n'est que poussière et misère; ce serait hideux même si le soleil, ce magicien, ne venait répandre avec ses rayons un peu de gaieté et d'illusion sur les haillons bariolés des pauvres habitants.

Nous regagnons une porte de sortie en suivant la crête du second mur. Le chemin de ronde qui fait le tour de la forteresse entre les deux murailles est encombré d'immondices, cause d'insalubrité permanente pour la ville. Nous

PANORAMA DE CÉSARÉE. — GRAVURE DE BOCHER.

sommes accompagnés par un habitant du quartier dans ces pérégrinations, car la vue de nos casques blancs n'est nullement sympathique aux Turcs de la citadelle. Grâce à notre guide, tout se passe fort bien, et nous l'en récompenserons par un généreux bakchich.

En sortant de là, nous longeons des cimetières avant de rentrer dans la ville. Nombreux sont les champs des morts autour de Césarée. Ils s'accumulent depuis des siècles, et lui font une ceinture hérissée de pierres tombales, quelquefois richement sculptées, enrichies d'élégantes inscriptions, d'arabesques, où l'or, l'azur, le rose, le vert marient à l'envi leurs teintes délicates; posées en long, en large, en hauteur, mais toutes dirigées vers l'orient lorsqu'elles appartiennent à des musulmans. Certains chemins, certaines rues passent au travers d'un cimetière. Les pierres en sont écroulées sur la chaussée; des tombes fraîches, à peine creusées, ont poussé sur les vieux tombeaux. L'air est souvent infect dans ce voisinage, mais peu importe : il y a bel âge que les choses vont ainsi en pays d'islam, et il n'y a pas lieu d'y rien changer.

La ville de Césarée renferme beaucoup de mosquées, environ 125, nous a-t-on dit. Elles sont pour la plupart ruinées et de peu d'importance : les plus belles sont les plus anciennes, notamment celle de Hadji-Kilidjé. Il y a en outre dans la métropole moderne trois églises arméniennes grégoriennes, un temple protestant, une église catholique et la chapelle des Jésuites.

Césarée n'est pas seulement un marché commercial actif — et qui le sera davantage lorsque le chemin de fer le reliera à Angora, — c'est encore un centre où règne une certaine activité intellectuelle. Grecs et Arméniens comprennent trop les bienfaits de l'instruction pour ne pas chercher, dès qu'ils sont en nombre suffisant, à en pourvoir leurs enfants. Il y a donc ici un certain nombre d'écoles très bien dirigées. Les plus anciennes appartiennent aux Américains protestants. Mais aucune n'est plus florissante que celle des Pères Jésuites, fréquentée par six cents enfants, et où l'enseignement du français a donné les plus beaux résultats.

Les écoles de filles sont également assez nombreuses. Les unes tenues par des Américaines, et fréquentées par les protestantes; les autres arméniennes grégoriennes. Celle qui nous a le plus enchantés, et qui est appelée à répandre de grands bienfaits, ainsi qu'à mettre en honneur notre langue parmi le beau sexe kaïsariote, c'est l'école de nos religieuses de Saint-Joseph de Lyon qui ont courageusement entrepris leur œuvre civilisatrice à côté de celle des Pères Jésuites. Je ne saurais passer sous silence le dévouement de ces hommes et de ces femmes, dévouement que nous avons pu admirer de près en 1894, pendant notre seconde visite à Césarée, au moment où l'épidémie cholérique y sévissait dans toute sa force. L'abattement d'abord de la population, puis son affolement en face de l'extension rapide du fléau, qu'aucune organisation médicale prévue n'était venue enrayer, plongèrent pendant quelques jours la pauvre ville de Césarée dans le plus lamentable état. Les morts se chiffraient journellement par centaines. Dans la propre maison des Kalpakdjian, où nous recevions l'hospitalité pour la seconde fois, est morte sous nos yeux, en huit heures, une femme qui avait été mise à mon service. La malheureuse, qui avait lavé et repassé notre linge dans la journée, fut prise dans la nuit de douleurs épouvantables. Nos efforts, enrayés par l'apathie de son entourage, mari et enfants, n'eurent aucun succès, et à l'aube elle n'était plus qu'un cadavre! La panique rendait malades les mieux portants, ou bien ceux-ci terrifiés s'enfuyaient dans les villas bâties sur les contreforts de l'Argée.

Les pseudo-médecins et les pharmaciens de cette ville furent les premiers qui fermèrent boutique. On vit, spectacle singulier, tel pharmacien passer au bout d'un bâton, et par une fenêtre, les médicaments demandés du dehors; l'entrée de sa boutique était barricadée par crainte de la contagion! On vit tel médecin grec dont le titre, prix de vagues études dans une non moins vague université, l'obligeait à donner des consultations, le faire prudemment d'un étage élevé de sa maison!... Pendant ce temps il n'y eut guère que les Pères et les Sœurs qui se prodiguèrent sans restriction. Chrétiens et musulmans s'attachaient à leurs robes noires et imploraient leurs secours intelligents. Les mêmes faits s'étaient passés à Sivas quelques semaines auparavant, et là aussi les religieux français des deux sexes s'étaient surpassés. Un traitement simple employé par eux a été mis en pratique par ceux de Césarée. Ce traitement consiste en compresses et frictions au vinaigre bouillant administrées aux cholériques jusqu'à la réapparition de la chaleur du corps. Durant les visites que nous fîmes dans ces jours néfastes aux Pères et aux Sœurs, nous les trouvâmes généralement

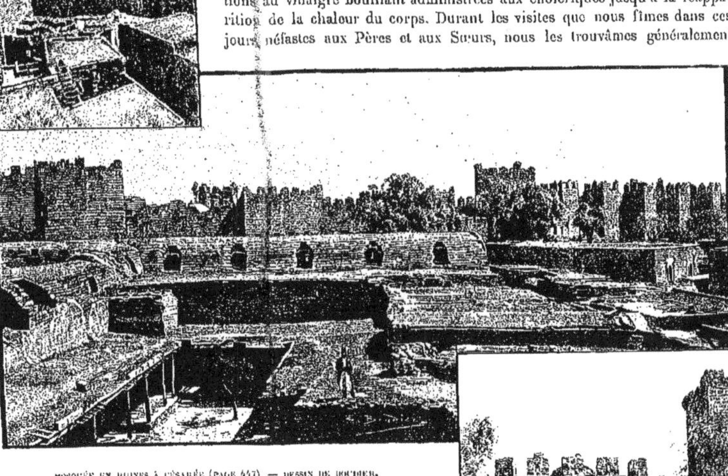

MOSQUÉE EN RUINES À CÉSARÉE (PAGE 447). — DESSIN DE BOUDIER.

anéantis de fatigue et bien près de succomber eux-mêmes, surtout la supérieure, femme d'un certain âge, et qui sortait d'une grave maladie.

L'école des Pères Jésuites, créée il y a quinze ans déjà, fonctionne parfaitement depuis longtemps. Les résultats obtenus par eux sont des plus brillants. Nombreux sont les jeunes gens du pays qui parlent couramment notre langue, connaissent notre littérature, et ont fait des études conformes à nos programmes de l'enseignement primaire supérieur. Quant aux Sœurs de Saint-Joseph, arrivées il y a trois ans, au nombre de quatre, elles étaient, en 1893, fort mal logées provisoirement dans de vieilles masures, tandis que sous la direction du Père Beaudouin s'avançait rapidement la construction d'une maison digne d'elles. Lors

FORTERESSE DE CÉSARÉE. — DESSIN DE BOUDIER.

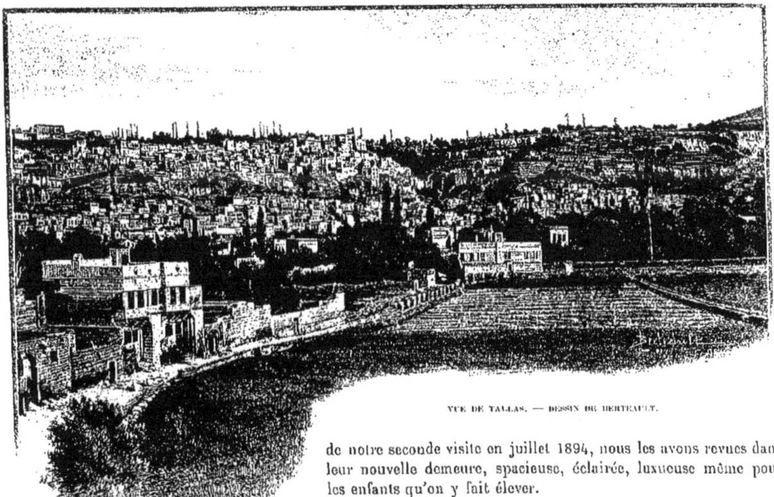

VUE DE TALLAS. — DESSIN DE BERTEAULT.

de notre seconde visite en juillet 1894, nous les avons revues dans leur nouvelle demeure, spacieuse, éclairée, luxueuse même pour les enfants qu'on y fait élever.

Un jour que j'avais été invitée à déjeuner chez ces dames, j'eus le plaisir de faire en leur compagnie le tour des classes du rez-de-chaussée, transformées en salles d'exposition. Tous les travaux manuels des jeunes filles, exécutés pendant l'année, étaient exposés avec goût, et comme on sait le faire chez nous, aux yeux d'un public féminin fort nombreux. La curiosité avide, l'étonnement que manifestaient toutes ces femmes à la vue de ces choses nouvelles, laissaient espérer qu'une révolution se prépare dans les idées de ces cervelles encrassées d'ignorance et de nonchaloir. Les grandes de l'école faisaient la garde autour des longues tables; elles expliquaient, montraient de petits vêtements d'enfants, chauds, pratiques, élégants, que ces femmes ne soupçonnaient pas. J'examinai les travaux de broderie, de couture, de tapisserie, et j'applaudis des deux mains à cette initiative et à l'entrain déployé par les Sœurs dans leur œuvre ardue. Un mot encore sur leur dispensaire. Le jeudi, une affluence de malades dit trop combien cette création était utile, et quel succès elle obtient auprès des habitants pauvres des deux sexes et de toutes religions.

Pendant nos deux séjours à Césarée nous avons fait plusieurs excursions dans ses environs, notamment à Tallas, petite ville située à 5 kilomètres de la métropole. La pureté de l'air et l'excellente qualité de ses eaux font de Tallas un lieu recherché comme résidence d'été, un véritable sanatorium. Aussi les riches Kaïsariotes y élèvent-ils des villas, où ils viennent passer la saison chaude avec leur famille.

A Tallas se trouve une grande école de filles, tenue par des dames américaines, et dont la création remonte à plus de vingt-six ans. Là on parle arménien, turc et anglais. Les professeurs sont des femmes, sorties elles-mêmes de l'école, pourvues d'un diplôme qui correspond à celui de l'enseignement primaire supérieur. Nous assistons à une leçon d'algèbre faite en langue arménienne.... Est-ce bien utile d'enseigner de telles matières à des enfants plongées la veille dans une ignorance de sauvages? Je ne sais. Mais je crois que le but est dépassé. Il est certain pourtant que l'intelligence des Arméniennes et des Grecques qui fréquentent cette école est parfaitement à la hauteur du programme, et ces dames, ayant la prétention de former des professeurs, jugent qu'il faut pousser leurs études aussi loin que possible. Ces jeunes filles qui sont destinées à devenir institutrices se répandront plus tard dans les villages, où elles feront de la propagande protestante et anglaise. L'école, spacieuse, très aérée, est des mieux tenues. La vie y doit être agréable, et les élèves qui en sortent doivent garder un bon souvenir de cette institution. Je suis frappée de la quantité d'harmoniums, répandus partout dans la maison. Les classes, les chambres des élèves, les chambres de ces dames, les vestibules renferment tous des spécimens de ce grave instrument venu du Nouveau Monde, le seul permis aux dames américaines militantes.

La directrice, personne fort distinguée, soupire mélancoliquement en me disant que depuis vingt-six ans elle vit à Tallas, dans ce triste pays de Turquie! Exil bien long et bien méritoire que celui de cette femme intelligente et énergique; mais elle peut être fière du résultat obtenu, car son école, bien administrée et d'une installation toute moderne, contraste étrangement avec le pays encore demi-barbare. L'école de Tallas n'a qu'un tort, à mes yeux, c'est d'ignorer les sons de la langue française....

MAQUIGNON KAÏSARIOTE. — DESSIN D'OULEVAY.

Dans nos pérégrinations à travers la ville, nous rencontrons sans cesse le cortège bruyant d'une noce turque qui se promène dans les rues, la mariée en tête, hermétiquement voilée, traînée dans une *araba*. Le cortège se divise en deux : celui de la mariée, et celui de l'époux. C'est ce dernier qui est le plus nombreux. On y voit des imams, les parents, les amis de la noce. Ceux-ci exécutent des danses, divers jeux, entre autres celui du bâton et celui du sabre. Viennent ensuite les cadeaux, notamment les bijoux, portés sur les bras par des enfants. Enfin le trousseau, renfermé dans des malles bariolées, la literie, la batterie de cuisine, les tapis, arrivent portés par des chameaux, chacun d'eux ayant outre sa charge une dizaine d'enfants qui se tiennent tant bien que mal en équilibre au milieu des couvertures, des coussins, des malles; tous hurlant, chantant, faisant un indescriptible tapage. Cette promenade pleine d'ostentation a pour but de montrer les richesses du jeune ménage. Mais on ne peut guère se fier à ces étalages, car les plus pauvres arrivent à se donner des apparences de grands seigneurs en empruntant à leurs parents et amis le plus de choses possible. Ces cortèges sont pleins de couleur locale et faits pour charmer l'œil d'un peintre. Demain vendredi, troisième jour de la fête, prendront fin ces réjouissances bruyantes, bien fatigantes surtout pour la jeune épousée, qui n'est souvent qu'une enfant de treize ans.

Après le repas du soir, nous montons, suivant notre habitude, sur la terrasse, et là, accroupis à la turque, nous faisons notre kief, en contemplant la ville tranquille, toute blanche sous les rayons d'argent de la lune. On respire avec délices l'air subitement devenu frais avec l'apparition des premières étoiles. Un aboiement de chien, le claquement de sandales de bois sur le dallage d'une cour, les ronflements étouffés d'un tambourin, sont les seuls bruits qui viennent troubler le silence de cette heure, où tout semble respirer la paix physique et la paix de l'âme. Hélas! ce n'est là qu'une apparence trompeuse. Un mauvais vent de discorde et de révolte a soufflé sur Kaïsarieh. Les vieilles passions entre races et religions différentes s'agitent à la faveur de l'ombre. Comme à Yozgat, la peur des Turcs retient les chrétiens fermés dans leurs demeures, et les rares habitants attardés rentrent au logis escortés d'un domestique portant un fanal. On parle bas, même dans les maisons, car les traîtres sont nombreux. Les récents événements et le châtiment cruel qu'ils ont valus aux Arméniens, pèsent sur cette cité. La révolution couve derrière ces murs couleur de poussière, et sous ce ciel radieux.

. . . .

Les riches marchands kaïsariotes se construisent des maisons dont la distribution toute moderne est plus pratique et plus saine que celle des demeures d'autrefois, mais elles sont loin d'en avoir le cachet artistique. L'une de ces anciennes demeures arméniennes, que je visitai un jour en détail m'a laissé, un charmant sou-

INTÉRIEUR DE MAISON À CÉSARÉE. — D'APRÈS UNE PHOTOGRAPHIE.

venir d'ombre, de mystère et aussi de bon goût. Pour nous autres, amateurs d'air et d'espace, c'eût été une prison, mais ici où le *home* est tellement fermé, la tristesse en paraît moins grande. Sur la rue, un grand mur, percé d'une petite porte rébarbative. Si elle s'ouvre devant vous, et il faut pour cela montrer patte blanche, c'est-à-dire être ami, vous descendez quelques marches, et vous vous trouvez au milieu d'un jardin ou plutôt d'une cour plantée de quelques arbres, et dans laquelle un escalier donne accès à une petite terrasse ornée d'élégantes balustrades en pierre ajourée, et ombragée par des berceaux de verdure.

De cette cour on pénètre dans la maison de style mauresque. L'entrée, plus basse que l'appartement, est pourvue d'un *impluvium*. Quelques marches donnent accès à une vaste salle sombre et fraîche, la porte étant à peu près la seule ouverture. Au bout de quelques secondes les yeux se font à l'obscurité relative et découvrent des détails exquis dans l'aménagement de ce salon. Les murs sont presque entièrement recouverts de boiseries travaillées à la mode orientale. Des tapis anciens recouvrent le parquet, et un large divan règne sur le pourtour de la pièce. C'est sur ce divan que la famille dort et prend ses repas. Les hommes y lisent et y écrivent; les femmes y cousent. La vie entière se passe sur ce meuble capital. Des niches, des étagères complètent le mobilier. C'est riche et sobre. On communique d'une pièce à l'autre par de petites portes en bois sculpté très jolies, mais si basses qu'il faut se courber en deux pour les franchir. En sortant de cet intérieur sombre, je suis heureuse de retrouver, en même temps que le soleil, la cour ombragée avec son bassin d'eau claire autour duquel fleurissent les roses dont les ménagères font de si exquises confitures.

Les femmes qui habitent ce vieux logis sont vêtues à l'ancienne mode : longue pelisse brune, fez enturbanné, tresses dans le dos. Ce costume est plus heureux, dans tous les cas, que les pauvres contrefaçons de la mode européenne auxquelles se livrent les jeunes élégantes de Césarée. La seule chose qui reste toujours seyante et jolie, c'est leur parure de monnaies d'or entremêlées de perles fines. Elles sont charmantes pour la plupart, douces, timides à l'excès,

COUVENT DE SOURP-GARABET (PAGE 455). — DESSIN DE BOUDIER.

et gauches d'allures en notre présence. Que leur faut-il pour être de vraies femmes? Moins d'apathie, moins d'ignorance, moins de résignation placide devant leurs époux, une vie aussi moins sédentaire, pour leur santé. La faute en incombe aux hommes, si elles sont d'esprit inculte et si elles sont parfois délicates et maladives. Bien que chrétiens, ils n'ont pas moins fait leur profit des procédés des musulmans dans la vie privée. Le séjour du gynécée empêche ces Arméniennes de se déve-

COUR INTÉRIEURE D'UNE MAISON ARMÉNIENNE À CÉSARÉE. — DESSIN DE GOTORBE.

lopper normalement et de donner physiquement et intellectuellement tout ce que l'on peut attendre d'elles.

Les Turques de Césarée portent uniformément dans la rue le *tcharchaf* à carreaux noirs et blancs, avec voile sombre sur la figure. C'est sévère, comme on le voit. Elles se traînent, plus ou moins languissantes, dès qu'elles passent la trentaine, et même avant. J'ai toujours été vivement frappée de la quantité énorme de femmes turques maladives.... Mariage précoce, manque d'hygiène et de soins médicaux éclairés, abus des bains chauds, etc., etc., pour ne parler que de quelques-uns des principaux motifs de leur mauvaise santé et de leur précoce décrépitude.

Le couvent arménien de Sourp-Garabet et le tell de Kara-Euyuk.

25 juin. — Nous quittons Césarée au bruit des pétards, des boîtes, des coups de fusil qui depuis l'aube annoncent qu'aujourd'hui est le jour du grand Baïram. Nous en profitons pour nous éloigner de la ville, et aller visiter le couvent de Sourp-Garabet, célèbre dans toute l'Anatolie.

Le canon tonne. On immole, paraît-il, en cette occasion, des moutons et des bœufs en souvenir du sacrifice d'Abraham. La population chrétienne se tient tranquille ce jour-là. Boutiques et portes sont closes, car pendant les fêtes du Baïram il arrive que le fanatisme des Osmanlis s'exalte à tel point qu'ils frappent les chrétiens. Nos compatriotes, les Pères et les Sœurs, évitent aussi de se montrer, par crainte de quelque accident.

Sur la route, nous croisons de nombreux cavaliers, fonctionnaires civils et militaires, personnages de marque, notables. Ils ont quitté leurs maisons de campagne établies sur les contreforts de l'Argée pour venir présenter leurs hommages au mutessarif ainsi qu'au cheikh de l'islam.

Après l'air pestilentiel de Césarée, on respire bien sur la route blanche et poudreuse qui mène à Sivas. Elle présente d'assez nombreux *kumbets* (tombeaux) aux élégantes sculptures, entrelacs, arabesques, et dont la porte est, en général, surmontée d'une voûte en stalactites. Partout, le sol bouleversé, tourmenté, de nature volcanique, semble avoir été en proie à maints cataclysmes. Nous approchons d'une colline abrupte au pied de laquelle une oasis de verdure attire le regard dans ce paysage de roches dénudées. Une importante masse de constructions grises défendues par de puissants murs nous annonce le couvent de Sourp-Garabet, fièrement accroché au roc, comme une forteresse du moyen âge. Une chaussée de géants nous conduit à la massive porte d'entrée, d'aspect méfiant. Mais notre visite a été annoncée au couvent par Mgr l'évêque de Césarée, aussi s'ouvre-t-elle toute grande devant nous et notre nombreuse suite.

Ce couvent est situé à 18 kilomètres à l'est de Césarée, à l'entrée de la chaîne de montagnes qui sépare le bassin de l'Halys de celui du Tokmak-Sou. Son nom de Sourp-Garabet vient de saint Jean-Baptiste son patron. Sa construction date du XIIIe siècle, mais la légende fait remonter ses origines aux premiers siècles de l'ère chrétienne, parce qu'il repose sur des grottes immenses regardées comme une de ces églises taillées dans le roc si fréquentes en Cappadoce. Les grottes abondent aux alentours. Rien de plus naturel que dans ces tufs faciles à creuser, au milieu du silence, les chrétiens des premiers jours, les anachorètes, soient venus chercher une retraite favorable à leur vie de prières et de méditations. L'église nouvelle pratiquait en secret la confession et la communion seulement. Mais, le voisinage des cérémonies païennes répugnant aux initiés, nombre d'entre eux se répandirent dans ces sombres demeures de la triste Cappadoce. Le couvent, peuplé jadis d'une foule de *vartabeds*, a été transformé en un séminaire. L'évêque qui est à la tête de Sourp-Garabet a le titre de métropolitain de Césarée.

De tous temps l'église de Saint-Jean-Baptiste a joui dans les pays arméniens d'une grande vénération. Aujourd'hui, comme autrefois, elle est l'objet de pieux pèlerinages. Elle est d'ailleurs fort intéressante, cette petite église, construite entièrement en pierre, au cœur du couvent, et percée de rares ouvertures, avares distributrices de lumière. Sans architecture extérieure, elle est divisée en deux parties. La première, qui est l'église proprement dite, est revêtue intérieurement de faïences et décorée de peintures dont l'une au moins, une vierge en prières, semble être une œuvre de quelque mérite. La seconde, plus ancienne dit-on, est la chapelle de Saint-Jean-Baptiste, décorée aussi de faïences. Elle comporte, elle aussi, deux divisions, séparées par un mur couvert d'une magnifique broderie en soie rose sur laquelle se détache, en grandeur naturelle, la scène du baptême de saint Jean. La tonalité des soies, douce et effacée, en même temps que le dessin, font de cette broderie une décoration tout à fait remarquable. Une porte superbe, incrustée de nacre et d'écaille, donne accès dans le sanctuaire par excellence, c'est-à-dire dans la partie où est conservé le tombeau du saint. Ma curiosité ne peut aller au delà de ce seuil vénéré, qu'aucun pied de femme ne doit fouler, en punition du crime de la farouche Hérodiade. Le trésor est riche en beaux ouvrages d'orfèvrerie et en étoffes brodées. A peu de distance de Sourp-Garabet s'élève un autre petit couvent, aujourd'hui presque désert : c'est celui de Saint-Daniel, confié à la garde d'un évêque qui subit là une sorte d'exil. Il nous fait un gracieux accueil, et nous explique que Sourp-Daniel a été dédié à la mémoire de saint Daniel, fils du roi Ochin, de la dynastie des Roupéniens. Son tombeau y est conservé; c'est le monument daté le plus ancien de la région (655). Dans la partie la plus primitive de l'église, construite, dit-on, sous saint Thaddée, l'évêque nous montre la vasque circulaire en pierre où se faisaient les baptêmes. A Sourp-Daniel comme à Sourp-Garabet, l'accueil le plus aimable nous est fait. Les visiteurs sont très rares.

Nous retournons à notre campement, car nous avons désiré planter nos tentes sous les beaux marronniers séculaires du couvent. En 1894, les choses se passèrent autrement. Le choléra sévissant aux alentours, l'évêque de Sourp-Garabet, qui n'avait pas licencié le séminaire, tenait à le préserver de toute contagion, et pour cela refusait énergiquement, aux gens affolés qui venaient lui demander asile, l'accès du couvent et de ses vastes dépendances destinées aux pèlerins pendant les jours de fêtes. Il fit pourtant une exception en notre faveur. Et lorsque nous quittâmes, écœurés, déprimés, cette malheureuse ville de Césarée, nous vîmes s'ouvrir devant nous, toutes grandes, ses portes hospitalières. C'est avec une joie profonde que je goûtai là quelques jours de repos parfait, dans cet air si pur, toujours vif, et dans cette grande paix qui y règne.

(*A suivre.*) Mme B. CHANTRE.

SCÈNE DE LA RUE À CÉSARÉE. — DESSIN D'OULEVAY.

FOUILLES À KARA-EUYUK (PAGE 409). — DESSIN D'OULEVAY.

EN ASIE MINEURE[1],

SOUVENIRS DE VOYAGE EN CAPPADOCE,

PAR Mme B. CHANTRE.

LE VIEUX PORTIER DU COUVENT DE SOURP-GARABET. D'APRÈS UNE PHOTOGRAPHIE.

Cette description de Sourp-Garabet ne serait pas complète si nous ne disions quelques mots de son séminaire. Le monastère végétait depuis longtemps; ses *vartabeds* vieillis s'éteignaient les uns après les autres, lorsque, il y a sept ans, il fut décidé de régénérer cette maison, et d'en faire un centre intellectuel de premier ordre, en y créant un séminaire où seraient admis aussi un certain nombre d'élèves laïques. La position hors ligne de Sourp-Garabet, l'air vif et pur que l'on y respire, ses eaux excellentes, ses vastes bâtiments rendaient l'exécution de ce projet des plus faciles. Quoique placé sous la haute direction de Mgr l'évêque arménien-grégorien de Césarée, l'enseignement du séminaire ne fut confié qu'à des professeurs arméniens exclusivement laïques. Seuls les trois derniers vartabeds, vénérables patriarches à barbe blanche, restèrent les gardiens de l'église. Au milieu de cette pépinière arménienne on ne voit que deux étrangers, un Turc chargé de l'enseignement de sa langue, et un Français, M. Danger, vieux commensal de la maison et du pays, où il enseigne le français depuis vingt-cinq ans. Une autre figure typique du couvent était le vieux portier, un ancien janissaire, qui mourut dans l'intervalle de nos deux voyages.

Des hommes fort instruits dans les lettres et les sciences donnent à Sourp-Garabet un brillant enseignement conforme à nos programmes de l'enseignement primaire supérieur et de l'enseignement secondaire. Certains élèves parlent très purement le français, d'autres l'anglais, enseigné par un élève de l'école américaine de Marsivan. Tous savent le turc, qui est obligatoire, et l'arménien, cultivé avec le plus grand soin. Quelle ne fut pas notre satisfaction, en parcourant les salles d'études, de voir que les cabinets de physique, chimie et sciences naturelles, les livres classiques et autres, venaient tous directement de la Maison Hachette!

Les bâtiments de Sourp-Garabet, adossés au rocher, s'élèvent en une suite de terrasses réunies par de nombreux escaliers, à une altitude de 1000 mètres. De ces terrasses abruptes la vue s'étend sur la plaine de

1. Suite. Voyez p. 409, 421, 433 et 445.

Césarée et le massif de l'Argée. Une suite de villages se déroulent à sa gauche : Evkéré, Ghézi, Espédin, etc.

En ce moment-ci, époque des examens, les jeunes gens étudient, soit au grand air sur les terrasses, où un groupe d'entre eux, plus ingénieux et indépendants, se sont dressé une petite tente fort pittoresque, soit dans leurs classes ou leurs chambres, qui ne sont autre chose que les cellules des anciens vartabeds.

L'économe nous ayant proposé de nous faire visiter les grottes sur lesquelles le couvent repose, nous acceptâmes, et, marchant derrière notre guide, nous nous engageâmes dans les couloirs tortueux, bas, glissants, qui donnent accès dans ce noir séjour. S'il faut en croire la légende, c'est là que vécurent des cénobites chrétiens qui se cachaient pour pratiquer leur culte. Des cellules, sortes de niches où un homme ne peut se tenir ni debout, ni allongé, se succèdent dans ces couloirs. Point de lumière autre que celle de nos lanternes ; un froid intense, tel est l'invraisemblable séjour des pieux solitaires cappadociens. Dans cette partie, la provision du vin du couvent est placée dans de grandes jarres en argile enfermées dans le sol, qui sont, de nos jours encore, les tonneaux de l'Arménie. Un étroit boyau met en communication la cave avec le grenier, autre grand souterrain ou grotte, dont les chambres plus spacieuses sont occupées par des monceaux de blé et d'orge. Cette seconde partie était jadis fermée par une formidable meule de pierre qui se roulait à l'entrée du couloir. Peut-être des moines harcelés par les persécutions se sont-ils réfugiés momentanément dans ces cavernes, mais leur origine remonte plus vraisemblablement aux âges préhistoriques, et seuls des troglodytes de l'âge de la pierre ont pu s'accommoder de ces grottes dont la nature a si généreusement doté le pays. J'emportai de ma visite un souvenir frissonnant de toiles d'araignées gigantesques dans lesquelles nous fourrions constamment nos têtes, et un refroidissement d'une telle gravité que pendant trois jours je restai immobilisée de la tête aux pieds par un rhumatisme aigu.

26 juin. — Quoiqu'il fasse bon vivre ici dans le calme de la nature et de la vie quasi monacale que l'on y mène, il faut songer au départ, et dire adieu aux beaux ombrages qui ont abrité nos tentes si peu habituées à cette aubaine. Une excursion de grande importance, au point de vue archéologique, a été projetée par mon mari qui a flairé, depuis deux ans, dans le voisinage de Sourp-Garabet, la présence d'un site antique des plus intéressants. Un nom souvent prononcé au sujet de la provenance de certains petits monuments dont on nous avait parlé autrefois à Constantinople, paraissait mériter une attention particulière, car ce nom adoptait deux formes également significatives, *Kara-Euyuk* (Tertre Noir), *Koul-Tepe* (Montagne de Cendres), nous avions de plus une vague indication que cela se trouvait dans la région de Césarée, et près de Mandjésou. M. Chantre, très frappé et très intéressé par les antiquités qui, disait-on, en provenaient, avait résolu de trancher la question. A Césarée même, on n'avait pas su nous dire où se trouvait ce lieu. Heureusement, à Sourp-Garabet, l'économe, vieil Arménien, fort intelligent, originaire de Mandjésou, nous déclara qu'il connaissait parfaitement le village de Kara-Euyuk, ainsi appelé parce qu'il s'élève près d'un immense tertre ou euyuk de cendres. Une visite fut décidée pour le lendemain au lieu dit, pressés que nous étions de voir de nos yeux l'objet de nos rêves.

LE TELL DE KARA-EUYUK (PAGE 461). — DESSIN DE BERTEAULT.

C'est sous la conduite de l'économe, monté sur une belle mule, que nous nous acheminons de bonne heure, à cheval, en compagnie de M. Karekine de Katchadourian, un des professeurs de l'école qui parle très bien le français, de Mitcho et de Hassan. Avec son ventre bedonnant, ses yeux pleins de malice dans une figure joviale, notre guide, fez en arrière, jambes ballantes sur sa paisible monture, rappelle quelqu'une de ces figures de moines italiens si popularisées.

On s'engage, au départ, dans un chemin ombreux qui traverse les jardins du village de Ghézi, dont les beaux noyers séculaires forment un dôme de verdure tendre sur nos têtes. Des eaux vives courent sur les cailloux du chemin, tandis que les rossignols, que les Turcs appellent du nom délicieux de *bulbul*, lancent à plein gosier leurs trilles perlés.

Hélas! cette promenade n'a que la courte durée des bonheurs d'ici-bas. Tout à coup cette oasis cesse brusquement; les oiseaux se sont tus, les arbres ont disparu : un plateau rocheux leur a succédé. On descend, non plus à cheval, mais à pied, un dédale de roches convulsées, dont la démolition grandiose ne manque pas d'un certain caractère, et nous gagnons la plaine traversée par la route de Sivas, que nous laissons bientôt à droite, pour atteindre sur la gauche des terrains plantés de céréales, là où ne règne pas le marais. Nous engageons nos chevaux dans de maigres prés tapissés d'iris blancs et jaunes et d'orchis superbes, et, traversant de nombreuses flaques d'eau, sournoises, masquées par l'herbe fleurie, nous voyons bientôt se dessiner devant nous un monticule régulier, tell immense, effondré sur plus d'un point. C'est là le Kara-Euyuk, le Koul-Tepe, que nous saluons avec la satisfaction d'un triomphe remporté.

L'ÉCONOME DU COUVENT DE SOURP-GARABET. D'APRÈS UNE PHOTOGRAPHIE.

Il y a de Sourp-Garabet ici deux heures au plus. Le village de Mandjésou s'étend à peu de distance au nord-ouest. On le distingue parfaitement de ce point. En approchant, nous voyons que, comme son nom l'indique, ce tell est formé surtout de cendres. Certains trous creusés çà et là dans sa masse ne sont autres que de véritables carrières exploitées par les gens du village, qui se servent de cette cendre comme d'un engrais pour leurs champs. Par les sentiers qui sillonnent le tell nous gagnons le village de Karaïf-Keui, bâti sur son bord occidental. Nous y trouvons une population turque, fanatique et décimée par la malaria. On nous autorise pourtant à nous installer, pour déjeuner et faire la sieste, dans un petit enclos ombragé qui tient lieu de mosquée en été, s'il faut en croire l'imam qui vient d'en faire le tour en criant aux quatre points cardinaux qu'il est midi. A peine entamions-nous notre déjeuner, que les paysans, hommes, femmes, enfants, mis au courant de nos intentions, accouraient, apportant des antiquités, consistant en tablettes couvertes d'écriture cunéiforme et en poteries identiques à celles déjà vues dans le bazar de Césarée. Comblés de joie par cette éclatante et prompte confirmation de nos soupçons, nous oublions la température torride, la fièvre, l'air funeste que l'on respire dans cette plaine sur laquelle semble avoir soufflé un vent de malédiction.

GRECQUES DE GUERMIR. — DESSIN D'OULEVAY.

De retour, le soir, au couvent, nous plions rapidement notre bagage, et, après avoir remercié tous ces messieurs de leur inoubliable accueil, nous revenons en toute hâte le lendemain à Kara-Euyuk. C'est au centre même du tell, dans la cendre, en plein soleil, que nous avons dressé nos tentes. Pas un arbre ni un arbrisseau pour nous défendre du soleil, et, chose plus cruelle, pas d'eau potable, la source la plus proche étant à une bonne demi-heure à âne. Le village a pour s'alimenter une fontaine boueuse et fade, tellement mauvaise qu'il est impossible de comprendre comment les animaux eux-mêmes peuvent s'en contenter. C'est le plus jeune de nos caravaniers, Hassan, toujours enturbanné de bleu, et toujours chantant, le « bulbul » de la caravane, qui va à la source faire notre provision d'eau avec son âne.

Mitcho est allé au village enrôler des travailleurs. Quoique Turcs, les habitants de Kara-Euyuk ont un caractère rapace qui n'est pas habituel aux vrais Osmanlis. Leur engagement est loin d'être facile. Ils exigent un salaire presque double de celui que l'on donne habituellement. Finalement tous les hommes valides sont embauchés; l'imam lui-même ne craint pas de prendre la pioche. Des escouades sont établies sur trois points différents, chacun de nous ayant un chantier sous sa surveillance.

Il est manifeste qu'une enceinte a régné autour de ce tell, car des murs épais en pierres sèches sont encore visibles sur de nombreux points. Le sol et les parties effondrées du tell ne peuvent être comparés qu'à un *kjökkenmödding* des temps préhistoriques. C'est, en effet, un amas compact où sont pétris ensemble les débris les plus variés : ossements d'animaux, poteries brisées, bois brûlé, en si grande quantité que c'est encore là que les paysans viennent faire depuis longtemps leur provision de charbon de bois. A cela il faut ajouter des scories d'aspect vitreux en masse telle, que l'on est en droit de se demander si ce ne sont pas des scories volcaniques. Ce ne peut être que des incendies réitérés ou des secousses volcaniques qui ont pu réduire, pulvériser en quelque sorte, tout ce qui s'est élevé jadis sur ce tertre. L'engrais puissant que représentent ces débris est tellement apprécié que peu à peu le tell disparaîtra et se trouvera éparpillé sur les champs cultivés du voisinage. En résumé, des fouilles méthodiques sont rendues difficiles, sinon impossibles, dans un tel amalgame de couches éboulées et forcément mélangées. M. Chantre fait pourtant couper des tranchées profondes sur les points les mieux conservés, afin de se rendre compte de l'état des couches inférieures. Il y a eu là, comme à Tyrinthe et à Mycènes, une superposition de civilisations. La plus archaïque est représentée par une abondance de fusaïoles en terre et en pierre, par des polissoirs, des haches en pierre polie, des lames d'obsidienne, etc., puis des haches en bronze du type le plus primitif.

Sous un cruel soleil de plomb et dans l'air empoisonné de malaria que l'on respire ici, les visages hâves, plombés de nos terrassiers font peine à voir. Lorsque parfois ils jettent au loin leurs outils, pelle ou pioche, on est tenté de les excuser à cause de leur faiblesse réelle. Il est hors de doute que, n'était leur pauvreté et la rareté de l'argent monnayé parmi eux, rien ne pourrait forcer ces hommes à travailler. L'attrait vif d'empocher de belles piastres sonnantes leur donne, seul, un peu de courage. Durant deux semaines, sous un ciel inexorable, nos fouilles ont été activement poursuivies. Les débris extraits présentent une abondance de poteries en forme d'animaux, des vases peints, des statuettes humaines grossières en argile, le tout rappelant des types chypriotes. Cette civilisation des Grecs primitifs retrouvée là en pleine Cappadoce sur un point dont l'antiquité se perd dans la nuit des temps, car aucune mention de ville n'a été faite dans cette région, n'est-elle pas singulière? Ce sol bouleversé, pulvérisé, semé d'énormes scories (laitiers), d'origine probablement volcanique, comme je l'ai déjà dit, n'a-t-il pas été une des étapes premières de ces Pélasges, venus d'Orient en Occident, et dont on a toujours espéré retrouver un jour les vestiges en Asie Mineure?

Satisfait au delà de ses espérances, M. Chantre, après avoir réuni une masse considérable de ces débris, en remplit plusieurs caisses; puis, des plans et des photographies ayant été soigneusement relevés, il fallut songer au départ sous peine de trouver la mort dans cette plaine marécageuse et torride. La fièvre sévissait si fort parmi nous tous, et surtout parmi les terrassiers, que ce n'est qu'au prix d'un grand effort de volonté que ce travail rapide a pu être exécuté. D'ailleurs nous ne disions pas adieu, mais au revoir à notre tell, car nous étions convaincus de la nécessité d'une seconde campagne à diriger sur ce point, en venant plus tôt et avec un outillage de fouilles plus complet. C'est pourquoi nous repartions en 1894, accompagnés d'un collaborateur, M. Alfred Boissier, de Genève, que les textes cunéiformes intéressent au plus haut point, et munis d'un matériel complet apporté depuis Constantinople, au prix de grands tracas et de fortes dépenses. Malheureusement le ciel ne favorisa pas notre entreprise. Nous arrivions en Anatolie au moment où le choléra y faisait lui-même apparition et ravageait Sivas.

PRÊTRE DU COUVENT DE SOUGH-GARADET. — D'APRÈS UNE PHOTOGRAPHIE.

Les quarantaines dressées sans cesse contre nous nous firent perdre un temps considérable. La relation de nos vexations et de nos ennuis serait fastidieuse. Désireux cependant d'atteindre notre but, nous avions traversé toutes ces difficultés avec résignation. Arrivés à Césarée, il nous fut donné de voir un des spectacles les plus affreux que l'on puisse imaginer, celui d'une grande ville populeuse en proie au fléau dévastateur, et dénuée de tout secours médical. Après plusieurs jours passés dans ces tristes murs, nous nous éloignions de Césarée, dont le séjour était rendu plus atroce par l'air pestilentiel des cimetières, et nous gagnions enfin Kara-Euyuk. C'est à ce moment qu'un événement inattendu vint fondre sur nous. Installés depuis quelques jours sur nos chantiers, un avis du mutessarif nous apprenait que S. M. le sultan venait de nous expulser du territoire, par iradé impérial! Que faire? Que dire? Dans un pays comme cette infortunée Turquie ne faut-il pas s'attendre à tout? D'après les informations prises en haut lieu, il résulterait qu'un zélé serviteur du

EVEREK (PAGE 466.) — DESSIN DE BERTEAULT.

sultan nous avait dénoncés au Palais comme étant des agents anglais faisant la propagande pour la révolution arménienne! Nous étions victimes de l'état troublé du pays, en effervescence en effet depuis deux ans. Et, à ce sujet, je dirai que, quoique nous ayons voyagé en Asie Mineure dans un but exclusivement archéologique et anthropologique, il nous a été donné néanmoins d'y voir et d'y entendre, chemin faisant, de bien tristes et laides choses. Nous avons gémi, nous aussi, sur le sort de ces infortunés chrétiens pour qui la justice turque met dans sa balance des poids inégaux. Nous avons souhaité ardemment de voir venir un jour où l'Europe, enfin éclairée sur les fourberies et atrocités sans nom qui se passent dans ces districts lointains, y mettrait ordre une fois pour toutes, en se coalisant pour accomplir un acte de simple humanité.

Bien qu'informés de l'iradé impérial lancé contre nous, nous n'avions pas cru devoir bouger de notre poste avant d'avoir envoyé un télégramme à notre ambassade. Les travaux continuaient pendant ce temps avec une fébrile activité. La réponse nous arriva au bout de trois jours seulement. Elle nous engageait à partir et à nous soumettre aux ordres de Sa Majesté. Nous espérions gagner encore un ou deux jours en faisant traîner nos préparatifs de départ, lorsqu'un cavalier vint à bride abattue, de la part du mutessarif, Fekham-Pacha, apporter des ordres ainsi conçus à nous, à nos hommes et aux villageois :

« Ordre à nous de partir sur-le-champ, et de laisser sur place le produit de nos fouilles.

« Ordre à nos deux fidèles zaptiés d'Angora, Hassan et Mehemet, de regagner leur poste dans le plus bref délai.

« Défense aux villageois de Kara-Euyuk de fournir aux étrangers aucune sorte de nourriture pour eux ni pour leurs chevaux. »

C'est ainsi que nous dûmes partir, en plein choléra, avec des zaptiés renouvelés de poste en poste, bons garçons heureusement dont nous n'avons eu qu'à nous louer. Nous pûmes, du moins, en dépit des événements, des quarantaines, et de toutes les difficultés imaginables, traverser l'Anti-Taurus par un de ses défilés les plus sauvages, visiter le Khozan, Comana, Sis, Adana, et regagner l'Europe par Mersina après avoir accompli un voyage qui nous a laissé les plus inoubliables souvenirs. Cette seconde campagne, quoique coupée si malheureusement, nous a donné une récolte satisfaisante qui est venue se joindre à celle de l'année précédente, et fera l'objet d'un récit à part. Ceci dit pour éclairer le lecteur sur la marche de nos travaux et sur les aventures auxquelles sont exposés en Turquie les plus inoffensifs des voyageurs, c'est-à-dire les archéologues, les anthropologistes, les paléographes, les naturalistes, ces hommes qui vont, pioche ou compas en main, lunettes sur le nez pour mieux lire les textes rongés par le temps, qui sont quelquefois aussi grands destructeurs d'animaux, tels que les insectes et autres bêtes nuisibles, ces hommes, aux instincts cocasses, ces maniaques que les naturels du pays regardent comme des fous inoffensifs. « Dely, dely (il est fou, il est fou) », disent les graves Turcs en hochant doucement la tête. C'est de ces êtres-là que des fonctionnaires ignorants et peu clairvoyants font des révolutionnaires farouches, sanguinaires, venant mettre un pays en insurrection!...

*

Guermir. — Zindjidéré et son couvent grec. — Sur l'Argée.

Revenons à présent à notre premier itinéraire de 1893, ininterrompu celui-là, et pour les facilités duquel force témoignages de gratitude et remerciements ont été adressés à qui de droit. En quittant Kara-Euyuk, nous étions revenus à Sourp-Garabet, d'où, après une nuit fraîche et reposante, nous partions, le 30 juin, pour Guermir, proche village, en compagnie du directeur laïque du séminaire qui y allait voir sa famille. Deux heures de marche sur des roches volcaniques avec, tout le temps, une vue admirable sur l'Argée, dont les neiges nous envoient un air frais, délicieux, et l'on aperçoit Guermir, gros village, bâti sur les flancs d'une petite vallée au nord-est de l'Argée.

De grandes et solides maisons en pierre, de deux et trois étages, de nombreux jardins, offrent ce bel aspect confortable propre à la région qui avoisine le massif argéen. La population, mêlée de Turcs et d'Arméniens, est surtout grecque; elle paraît jouir d'une certaine aisance. On compte un millier de maisons à Guermir. Un ruisseau, à sec les trois quarts de l'année, arrose cette petite vallée. L'eau potable vient de l'Argée; elle est bonne, mais peu abondante, aussi est-elle distribuée parcimonieusement entre Guermir et deux ou trois villages voisins.

Haroutian Nichanian nous conduit dans sa maison, grande et bien bâtie. On y vit patriarcalement, à la mode du pays, avec les grands-parents. Il n'est pas rare de rencontrer dans ces familles arméniennes des vieillards, droits, secs, presque centenaires, ayant autour d'eux leurs enfants et leurs petits-enfants mariés, et heureux de voir grandir leurs arrière-petits-fils. C'est le cas justement chez notre hôte. Nous remarquons avec plaisir de quel respect profond sont entourées les têtes blanches, et combien les enfants sont gracieux dans leurs caresses réservées à l'égard de leurs parents.

L'arrivée inattendue du maître de céans cause un certain émoi parmi les femmes et les enfants, qui viennent lui baiser la main, ainsi qu'à nous, les hôtes bienvenus.

Pendant que les servantes préparent une collation à notre intention, nous allons faire un tour dans le village ou plutôt le bourg, en compagnie de M. Nichanian, de sa femme et de sa sœur. En sortant ensemble, ils enfreignent toutes les lois du pays, car, de même que les musulmans, les chrétiens d'Orient sortent séparément, sauf dans les grandes villes. Les deux sexes doivent toujours faire bande à part. Aujourd'hui la présence d'une Française voyageant librement avec son mari leur a donné bon courage. Ces dames sont coiffées du fez à long gland autour duquel s'enroule un petit turban. Une sorte de longue jaquette, ample et confortable, bordée de fourrure, a été mise pour la sortie, ainsi que de belles bottines. Mais la marche n'est pas le fait de mes compagnes, c'est visible. Peu habituées à la chaussure serrée, les pieds le plus souvent nus et chaussés de petites sandales en bois, elles circulent péniblement, et me prient même de ne pas trotter si vite. Je prends, pour leur faire plaisir, une allure fort ennuyeuse de limace, et nous allons ainsi par des rues si étroites que l'on peut toucher les murs des maisons en étendant les bras.

Nous entrons un instant dans l'école grecque des filles, et nous y pouvons admirer de fort jolis minois et même des beautés accomplies. De vraies blondes se distinguent çà et là au milieu des têtes brunes; quelques rousses, aux yeux verts et au teint délicat, ajoutent même leur note originale et imprévue au milieu des visages brun doré et des longs yeux noirs qui sont la majorité. Ces Grecques d'Asie Mineure ont en général un type fin et charmant, bien tranché du type arménien, dont les traits sont plus accentués. Dès l'entrée de la classe, on est frappé par cette quantité de fillettes mutines, coiffées en petites tresses infinies, toutes chatoyantes de

LE KARA-EUYUK (PAGE 459). — DESSIN DE BOUDIER.

LE MONT ARGÉE (PAGE 465). — D'APRÈS UNE PHOTOGRAPHIE.

KURDES D'UN CAMPEMENT DE L'ARGÉE. — DESSIN DE GOTORBE.

sequins, et gazouillant à qui mieux mieux dans cette charmante langue turque si douce et si musicale sur des lèvres de femme.

La visite des églises n'offre rien de particulier. Ce qui est à signaler dans cette région, c'est le fait de villages grecs entiers qui se sont convertis à l'islam. Dans cette partie de l'Asie Mineure les Grecs sont les plus turquifiés parmi les chrétiens, et ils semblent vivre en paix avec le gouvernement.

De retour à la maison, on nous sert un repas dans lequel figure le fameux *basterma*, dont ici tout le monde fait grand cas. Le basterma est de la viande de vache salée et fumée comme du lard. On le découpe en tranches minces, et il entre pour une bonne part dans la nourriture de la population, surtout en hiver. L'aspect en est assez tentant, mais une telle quantité d'ail est employée dans sa préparation, qu'il nous faudrait des estomacs marseillais pour tenter l'aventure d'en goûter. Ces dames me demandent, naturellement, si l'on mange du basterma en France, et, sur ma réponse négative, elles semblent convaincues que nous nous privons d'une bien excellente chose!

. . . .

A 5 heures du soir on se met en route pour Zindjidéré où nous voulons passer la nuit. Par des chemins toujours les mêmes, tracés sur la roche, nous passons au-dessus de Tallas, et, côtoyant le mont Saint-Basile, dont la masse, de forme bizarre, flanque le versant nord-est de l'Argée, nous nous rapprochons de plus en plus de celui-ci. Dans cette région, les villages se touchent. C'est certainement un des points les plus peuplés de la Cappadoce. Les jardins fertiles, les eaux vives et fraîches, le voisinage des neiges font du massif argéen un séjour agréable, et les villages nichés sur ses contreforts ont un air propre et coquet.

Nous atteignons Zindjidéré en deux heures et demie. Ce village, situé à 1 400 mètres d'altitude, possède un monastère grec, où nous allons demander asile. La caravane, partie en avant, a porté à Mgr l'évêque de ce couvent une lettre annonçant notre arrivée, et il nous a fait préparer, fort gracieusement, les chambres et un souper. La maison est vaste, mais sans architecture. Elle renferme un séminaire dont l'enseignement, comme celui de Sourp-Garabet, est des plus éclairés et des plus brillants. Il va sans dire que, là aussi, notre langue est parlée, étudiée à fond, et que dans ce coin perdu de la Cappadoce des Français se trouvent presque chez eux. De Zindjidéré, comme de Sourp-Garabet, c'est-à-dire de chez les Grecs aussi bien que de chez les Arméniens, nous avons emporté une impression de vive admiration pour les maîtres et les élèves, qui apportent une égale ardeur au travail. Il n'est point facile pourtant d'arriver à ce résultat en Turquie. Ce que des maisons d'enseignement de ce genre représentent de luttes sourdes, d'efforts dus à l'initiative privée, de volonté opiniâtre, nul ne peut s'en faire au juste une idée. Contentons-nous d'applaudir et d'encourager.

1er juillet. — Après un bon repos pris au couvent, nous remercions Monseigneur et partons à quatre heures après midi pour aller coucher dans un des *yaëla* de l'Argée avant de gagner Everek. Nous gravissons les pentes de la montagne, dont le sommet nous apparaît très dentelé, très abrupt. A 2 000 mètres nous atteignons la première neige. Deux petits glaciers laissent échapper des eaux qui descendent avec un joli bruit. Il souffle une bise assez fraîche, et pourtant le thermomètre marque encore 22 degrés à 6 heures du soir. Il est vrai qu'à 2 heures du matin il est tombé à zéro. Le ciel est idéalement pur, et, devant nous, une vue panoramique immense s'étend dans la direction de la mer Noire.

A 2 300 mètres se présente un petit plateau appelé Tchismeliyourt, au-dessus duquel s'étale une grande masse de neige. Quelques tentes de Kurdes se dressent sur ce point, et nous décidons de nous établir près d'elles pour la nuit. Le froid sera cruel, mais peu importe.

Pendant que l'on dresse le campement, je contemple de près, cette fois, cette montagne vénérée dont le cône puissant dépasse toutes les autres cimes de l'Anatolie. L'Argée, appelé dans le pays Erdjich ou encore Ardjeh, repose sur un socle très élevé. C'est le roi de cette région volcanique, et, du temps de Strabon, un reste d'activité régnait encore dans ses flancs. Son altitude a été relevée par quelques rares ascensionnistes et ceux-ci ne sont pas tout à fait d'accord. D'après Tchihatcheff, le bord méridional du cratère est à 3 841 mètres, et quelques aiguilles de rochers perpendiculaires ou surplombants se dressent encore à une centaine de mètres plus haut. Hamilton a estimé cette altitude à 3 952 mètres, Cooper à 3 993 et Tozer à 4 008. L'ascension de l'Argée a toujours été regardée comme difficile, non à cause des neiges ni des glaces, mais par la fréquence des avalanches de pierres. Tchihatcheff et Hamilton s'en plaignent. Il est vrai qu'après eux Tozer a fait l'ascension et n'a pas eu à en souffrir. C'est du village d'Everek, situé sur le versant sud de l'Argée, et au mois d'août, époque à laquelle il n'y a presque pas de neige, que l'ascension doit être entreprise pour être menée à bien sans grande fatigue. On passe la nuit dans le voisinage du sommet, que l'on escalade le lendemain de bonne heure. Tozer a signalé des grottes artificielles creusées dans les aiguilles du sommet. Au commencement d'août il n'y a point trouvé de fleurs.

De ce point élevé, le coucher du soleil est un spectacle peu ordinaire. D'abord le jeu des rayons lumineux sur les neiges et les glaces du sommet, puis, alors que nous sommes dans une belle pénombre bleutée, la vue de l'immense plaine dorée, font oublier les morsures d'une bise âpre. Je ne sais comment me réchauffer les pieds, en dépit du beau feu que nos caravaniers ont fait non loin des tentes. On se souffle dans les doigts tout en expédiant le repas que nous a préparé Mitcho, et en regardant rentrer au pas de course la masse bêlante des troupeaux de nos voisins les Kurdes. Hélas! il ne fait pas froid que chez nous! Dans les tentes noires qui ne sont pas posées ras le sol, on en souffre bien autrement. Les cris des petits Kurdes couchés à moitié nus sur ce sol glacé ne le prouvent que trop. On s'explique que les faibles ne résistent pas longtemps à ce régime. D'ailleurs la mortalité est grande, d'une façon générale, chez les enfants en bas âge des nomades, turkmènes ou kurdes.

BAS-RELIEF HÉTÉEN DE FRAKTIN (PAGE 467). — DESSIN DE FAUCHER-GUDIN.

GROTTES DE BECH-KARDACH. — DESSIN DE FAUCHER-GUDIN.

Que d'étoiles! Quel firmament plus richement constellé est-il possible de voir! De notre observatoire élevé nous semblons près de la voûte céleste, et nous y découvrons tant de merveilles que nous voudrions croire à un rêve, si la rêverie était permise ici. Malheureusement la sensation cruelle de nos pieds et de nos mains gelés coupe les ailes à notre imagination, et nous tient dans un ordre d'idées extrêmement terre à terre. La solennité du silence est troublée elle-même par le bruit de la toux de nos hommes, de Mitcho, de nos voisins, de nos chevaux et de nous-mêmes. Tout le monde tousse d'une façon lamentable.

Le jour venu, pendant que l'on plie notre bagage, nous allons visiter nos voisins, dont nous sommes séparés par une grande nappe de neige. Deux familles vivent là, et elles nous font un cordial accueil. Vite les femmes se mettent à leur four pour me préparer quelques galettes chaudes, feuilles de pâte mince et molle, sans goût, sans sel, à peine chauffées sur une large tôle ronde. Ce n'est pas bon, mais cela ne fait rien : sur l'Argée on n'a pas le choix de son boulanger, et je me régale de ce pain trempé dans du lait exquis. Avec les femmes, je m'entretiens de leurs enfants, de la température, de la fatigue du voyage; les sujets de conversation ne sont pas variés. Je leur demande comment leurs enfants peuvent résister à un froid nocturne pareil. Elles m'expliquent alors, et elles me montrent qu'elles creusent dans le sol des cavités dans lesquelles elles tiennent, durant le jour, des pierres chauffées, afin de rendre la terre aussi sèche et chaude que possible. Le soir venu, les petits, roulés dans des loques, sont déposés au fond de ces creux par leurs mères, qui les entourent encore d'une rangée de pierres chaudes. C'est là que les pauvres êtres doivent dormir tant bien que mal, mais le plus souvent ils pleurent et se plaignent à fendre l'âme.

En route pour Everek! Nous atteignons la base du sommet de l'Argée. Des troupeaux de moutons reposent sur la neige, où ils semblent fort à leur aise. A une heure d'Everek, nous faisons halte pour boire à la fontaine de Khadjadour, et à partir de ce point le sentier s'engage dans une étroite vallée appelée Arabi-Deressi. Enfin nous saluons Everek, gros bourg situé au pied du versant méridional de l'Argée. Nos tentes sont établies assez loin du village, à proximité de la route qui va de Césarée à Everek. Cela nous expose aux incessantes importunités des allants et venants : cavaliers, piétons, chars grinçants, tout s'arrête devant le campement. Il n'est pas jusqu'aux animaux paissant aux environs qui ne viennent passer leur tête aux yeux curieux dans nos fragiles demeures de toile.

Excursion à Frakten. — Bas-relief hétéen. — Grottes byzantines. — Départ d'Everek.

Nous sommes placés entre deux massifs neigeux, à droite l'Argée, à gauche, assez loin, l'Ali-Dagh. D'Everek nous dirigeons une excursion sur une localité appelée Frakten que l'on nous avait signalée comme possédant dans son voisinage une sculpture sur roche. Ce n'est pas sans peine que nous découvrîmes ce site. Mais l'apparition de grandes lignes de roches lisses et verticales rendant très possible la présence de bas-reliefs analogues à ceux de Boghaz-Keui nous donna bon courage, et après avoir cherché quelque peu un passage, nous arrivâmes, conduits par un berger, devant un canal traversant un marais appelé Kara-Sou, et coulant presque au pied même du rocher portant les sculptures. Un pont en dos d'âne aidait jadis à passer ces eaux mi-vives, mi-stagnantes, mais, comme la plupart des ponts de Turquie, il est hors d'usage. Je m'y aventurai pourtant, lorsque au bout de quatre pas je vis qu'il était effondré au milieu, et de plus une immense couleuvre dérangée par mon cheval se leva si vivement que ma bête fit d'elle-même demi-tour. Il fallut traverser, bon gré, mal gré, les eaux sournoises du marais, pour lesquelles j'ai une répugnance invincible.

La Yasili-Kaya est là, devant nous. En effet, un bas-relief court sur une paroi du rocher. Il est couvert

GROTTES DE BECH-KARDACH. — GRAVURE DE ROCHER.

de lichen et offre une partie plus achevée que l'autre. La déesse d'Euyuk s'y retrouve, assise, dans sa chaise; elle règne sur les bords enfiévrés du Kara-Sou tout comme à l'entrée du palais hétéen, et assiste aux cérémonies étranges d'un culte dont elle est l'objet. Quelques hiéroglyphes apparaissent dans ce bas-relief. Malgré la difficulté qu'offre le rocher couvert de lichen, M. Chantre résolut d'estamper cette intéressante sculpture, que nous croyions être les premiers à découvrir. Cette satisfaction ne devait pas nous être accordée, car à notre retour en France nous apprîmes qu'elle avait été visitée un an auparavant par MM. Ramsay et Hogarth. Toutefois ces messieurs ne l'ont pas estampée.

Tout autour de nous, dans les herbes marécageuses et dans un air empesté de malaria, grouillent un monde de serpents et de crapauds immondes. Au-dessus de nos têtes, des nids d'oiseaux de proie sont accrochés au rocher, et notre présence inopinée dérange fort des familles d'éperviers, de faucons, dont les petits poussent des cris stridents. Quant aux oiseaux d'eau, ils pullulent littéralement. Des vols de canards nous donnent d'incessantes distractions, et si nous avions des chiens nous pourrions nous livrer à une belle chasse.

Nos travaux terminés, nous parcourons le village de Frakten, qui possède un très grand cimetière. Son sol est riche en monnaies byzantines, ce qui donne lieu de supposer que l'on est ici sur l'emplacement d'un site antique. A quelques minutes de là, au sud-est, nous traversons, sur un grand pont, le Zamanti-Irmak, et nous atteignons le village de Bech-Kardach (les cinq frères). Ce nom vient de la présence, au sommet d'une colline, de cinq pierres funéraires plantées dans le sol. A peu de distance de Bech-Kardach, où nous campons, on nous mène voir, au sommet d'une colline assez raide, un immense sarcophage monolithe taillé dans un bloc d'andésite. Il a environ quatre mètres de longueur sur deux de largeur. On y accède par trois degrés qui en forment en quelque sorte le socle. La face tournée vers la plaine est ornée de motifs d'oves et de denticules. Au centre, une énorme tête de taureau étale ses deux puissantes cornes recourbées. La sépulture a été violée. Le couvercle, encore entier, est posé en travers de la cuve. Il est orné de cannelures. La face opposée à la tête de taureau ne porte aucun ornement. Elle est aussi pourvue d'une suite de marches. Ce tombeau est certainement celui d'un personnage de marque, prêtre, roi ou général. C'est le premier de ce genre que nous ayons rencontré jusque-là. De retour au campement, nous constatons un grand nombre de blonds aux yeux bleus parmi les Grecs du village venus pour nous demander des conseils médicaux.

En longeant le Zamanti-Irmak, nous allons de Bech-Kardach jusqu'au village d'Echeik-Pounar, situé à 300 mètres de la rivière, au pied d'un rocher percé de grottes dont les ouvertures en plein cintre, ornées de colonnes et de divers motifs d'architecture, font tout de suite penser aux églises byzantines des premiers siècles de l'ère chrétienne. Le site, assez pittoresque, est justement appelé *Azou-Guzel* (belle vue). Le type de ces grottes, au nombre d'une dizaine sur ce point, est à peu près toujours le même. Chacune d'elles est précédée d'une sorte de porche en plein cintre orné de pilastres et de moulures. Ce porche n'a guère plus d'un mètre de profondeur, il est percé, au fond, d'une ouverture petite et irrégulière qui donne accès dans une salle monolithe à peu près carrée et voûtée plus ou moins grossièrement. Tout autour de cette chambre règne, à 1 m. 30 du sol, une sorte de banquette de pierre de plus de 1 mètre de largeur, qui a pu servir soit de lit, soit de tombeau, soit de siège.

Il n'y a aucune trace de foyer qui puisse faire croire à une habitation. En général, tout autour des porches, le rocher porte des sculptures grossières, telles que d'informes figurines humaines, abritées quelquefois dans des niches. Quelques-unes de ces niches, plus profondes, sont vides. Ces bonshommes, car on ne peut les appeler autrement, ressemblent à des enfants emmaillotés et quelquefois aussi à des mandragores. Des marches taillées dans le rocher devant ces niches semblent indiquer que l'on faisait des dévotions devant ces images. Mais, ce qui est curieux, c'est que les grottes les plus architecturales ne sont pas accompagnées de ces figurines : de sorte qu'il est difficile de se prononcer sur leur caractère religieux, païen ou chrétien.

Une des ouvertures les plus remarquables est ornée de motifs d'oves, d'étoiles, de rinceaux élégants, et elle est surmontée d'une niche vide dont la voûte affecte la forme d'une coquille, tandis que deux cornes de taureaux, finement sculptées, en décorent l'entrée. On reconnaît dans ce travail la même main qui a sculpté le tombeau de Beck-Kardach. Entre le bas-relief de Frakten, le tombeau de Bech-Kardach, les grottes d'Echeik-Pounar y a-t-il quelque relation à entrevoir? Je ne sais, dans tous les cas ce n'est pas moi qui trancherai la question. J'ajouterai seulement que dans le voisinage de ces vestiges d'un âge oublié, mon mari a découvert une importante station néolithique sur les bords du Zamanti-Irmak.

Toute la colline d'Azou-Guzel a été percée, façonnée en grottes. Un tremblement de terre en a détruit la plus grande partie. On peut voir encore pourtant que le sommet de cette colline a été creusé pour recevoir des sépultures, car il est percé de nombreuses excavations régulières en forme de rectangles, assez profondes, qui n'ont pu être que des tombes. Cette visite terminée, nous revenons à Frakten, et de là regagnons Everek avec la caravane. Nous comptons nous y arrêter un jour encore avant de partir pour Urgub, d'où nous effectuerons notre retour par Kir-Chehir et Angora. Nos tentes ont été plantées cette fois entre des jardins et près d'un joli ruisseau jaseur et limpide au bord duquel des lavandières arméniennes font un groupe plein de couleur. La lessive bout dans de grosses marmites, tandis que les laveuses, jambes nues et jupes relevées, foulent avec les pieds, à la mode du pays, leur linge posé sur de grosses pierres plates dans le lit de la rivière.

7 juillet. — Il faut dire adieu aux belles fontaines et aux frais ombrages d'Everek, que, de toute antiquité, les hommes ont recherchés, si l'on en juge d'après la présence de très nombreux outils préhistoriques trouvés dans le sol. M. Chantre en a recueilli une fort belle collection, ainsi que de nombreuses monnaies grecques et byzantines. A l'aube, Mitcho, aidé de Hassan, prépare le café. A peine a-t-il enflammé les branches qui doivent faire bouillir le brun nectar, que, de tous les coins du village, arrivent des visiteurs aussi intéressés que matineux, car c'est à la petite tasse de café qu'ils viennent faire leur cour. Assis en rond autour du feu, ils bavardent à mi-voix. La première distribution est, naturellement, pour Mitcho et les zaptiés; la seconde pour le vieil imam, les mendiants, les solliciteurs turcs et arméniens; la troisième est pour nous, et souvent elle est suivie d'une quatrième édition, en faveur des retardataires qui viennent carrément demander du café.

(*A suivre.*) Mme B. Chantre.

HASSAN. — DESSIN D'OULEVAY.

VUE D'URGUB (PAGE 471). — GRAVURE DE BOCHER.

EN ASIE MINEURE[1],

SOUVENIRS DE VOYAGE EN CAPPADOCE,

PAR Mme B. CHANTRE.

Dans le marais d'Indgé-Sou. — Salines et maraudeurs. — Urgub et ses tufs fantastiques.

GRECQUE D'URGUB (PAGE 471).
DESSIN D'OULEVAY.

En quittant Everek, la caravane prend la direction de l'ouest, ce qui nous procure l'occasion d'achever de faire le tour complet du puissant volcan, dont nous avons renoncé à faire l'ascension faute de temps et surtout à cause de ses neiges encore trop abondantes. Le paysage qui s'offre presque aussitôt à nos yeux est absolument désolé. A droite, une gigantesque démolition volcanique suit les pentes de l'Argée; à gauche, la plaine aride et déserte nous annonce le voisinage du fameux marais salé d'Indgé-Sou, dont nous traversons la pointe méridionale. Pour aller à Urgub, il nous faut malheureusement traverser cette région maudite, séjour de la malaria.

Halte au village de Sandaremek, dont la population décimée par la fièvre offre un aspect lamentable et est de plus très inhospitalière. Devant le refus des habitants de nous vendre des vivres, M. Chantre s'arme de son fusil et va abattre un beau canard au milieu d'une basse-cour. Stupeur des villageois en présence du procédé. Mais comme mon mari s'apprête à en tirer un second, ils apportent sur-le-champ tous les poulets du village afin que nous choisissions parmi eux. Une scène d'un autre genre succède à celle-ci. Notre *caterdji*, le fameux Hadji-Mehemet, ne veut en aucune façon se mettre dans la tête qu'il doit nourrir nos chevaux de quelque chose de plus substantiel que l'herbe rare qui compose, depuis Angora, le fond de leur nourriture. Ils butent à chaque pas et mettent notre vie en danger, surtout dans cette plaine marécageuse, où il faut un pied sûr. Exaspérés, nous faisons apporter un gros sac d'orge du village, et Hassan le partage entre nos chevaux, pendant que Mehemet paie la note, en proie à une fureur indescriptible.

Pendant quatre heures la caravane chemine dans le grand désert couvert de bancs de sel. Celui-ci, exploité par l'État, est placé sous la surveillance de l'administration de la Dette publique ottomane. Nous recueillons un

1. Suite. Voyez p. 409, 421, 433, 445 et 457

URGUB (PAGE 471). — DESSIN DE BERTEAULT.

grand nombre de débris d'outils préhistoriques en obsidienne près d'une fontaine dont les eaux renferment, ainsi que celle de Sandaremek, de tout petits poissons du genre *Cyprinodon* fort intéressants. A part quelques tamarix rabougris, le sol n'offre que de courtes herbes grillées. Nul oiseau ne donne signe de vie.

Le jour décline, lorsque nous découvrons à l'extrémité de la plaine salée, dans un petit vallon solitaire, étroit et hérissé de roches, une fontaine qui marquera ce soir la fin de l'étape. Il y a peu d'espace pour camper; le lieu jouit, paraît-il, d'une mauvaise renommée, aussi nos deux dévoués compagnons, Mitcho et Hassan, ont-ils décidé de ne planter que notre tente et de passer la nuit en éveil. Notre campement est placé au-dessus de la fontaine. La nuit est belle, l'air sec; nous prenons notre repas du soir à la clarté des étoiles, près d'un bon feu de bivouac, et, en dépit des brigands du vallon, je vais dormir confiante dans nos deux fidèles gardiens.

Le matin venu, en sortant de ma tente, je suis étonnée de voir près de la fontaine un groupe de nouveaux arrivés : deux cavaliers fourbus escortant deux prisonniers dont les bras sont liés derrière le dos. Il paraît que dans la nuit, entre une heure et deux heures du matin, hommes, femmes, enfants d'un village voisin étaient venus dans les salines faire leur provision clandestine. Ils recueillaient activement le sel, lorsque ces deux cavaliers, surveillants de la Dette publique, les surprirent et se mirent à leurs trousses. Il y eut même échange de coups de fusil. Dans la bagarre un des gardiens eut son fusil cassé, et son cheval frappé de plusieurs coups à la tête. Après une poursuite acharnée, ils purent s'emparer de ces deux malheureux paysans, qu'ils conduisaient à Césarée pour les faire juger. Leurs liens serrés brutalement les font gémir. Les poignets et les mains sont déjà très enflés. Je voudrais obtenir que l'on desserrât un peu tout cela, mais les surveillants sont inexorables.

Par un sentier qui s'élève rapidement, nous reprenons notre route. D'ici, la plaine traversée la veille ressemble sur certains points à un lac azuré, tandis que sur d'autres s'étalent de grandes plaques blanches de sel. Nous foulons un sol couvert d'un arbuste nain et épineux intéressant, car c'est celui qui donne la gomme adragante. Des paysans s'occupent à les inciser avec leurs couteaux, afin de laisser s'écouler la gomme blanchâtre. Tous les dix jours, disent-ils, ils renouvellent cette opération. Les quinze kilogrammes se vendent deux livres turques, c'est-à-dire quarante-six francs; mais, étant donnée l'extrême légèreté de cette gomme, Dieu sait ce que ces malheureux doivent mettre de temps pour obtenir un tel poids!

. . . .

La caravane s'engage à présent dans une petite vallée de tuf d'un blanc éblouissant au soleil, et dans laquelle la marche est même fort pénible. Heureusement une autre vallée étroite lui succède, c'est celle de Bachkeui, véritable jardin, admirablement cultivée, et où pas un pouce de terrain n'est perdu. Une irrigation habile entretient la fraîcheur dans ces cultures, où se voient tour à tour des noyers énormes, des poiriers, des cognassiers, des ormes, des vignes, des champs de tabac, de riz, mais surtout, et c'est tout à fait nouveau pour nous, des champs de pavots en fleur. C'est là certainement une des plus grandes productions de pavots, destinés à préparer l'opium, qui existent en Anatolie. Nulle part encore nous n'avions trouvé cette culture. L'eau abondante qui alimente cette vallée et la chaleur décuplée par les rochers blancs contribuent à donner ce beau résultat.

Bachkeui est un gros village de deux cents maisons turques, construit à pic contre le rocher. Notre arrivée cause un étonnement profond parmi les habitants. Ma présence met les femmes dans un état de surexcitation extrême. Tandis que, sans descendre de cheval, nous les questionnons, elles me tâtent, m'examinent, et restent bouche bée devant mes mains gantées de peau de chien. Les pauvres femmes se crient entre elles : « Regarde ses mains, comme elles sont noires! » Pourtant, l'une d'elles, plus alerte, s'aperçoit de la supercherie et m'enlève

GRECQUES D'URGUB — DESSIN DE PROFIT.

triomphalement un gant. Là-dessus, Mitcho intervenant brusquement me crie d'une voix brève de filer au plus vite. Étonnée du verbe autoritaire de mon brave Croate, je le regarde, mais il me montre que les femmes qui m'entourent portent sur leurs bras des enfants au visage couvert de croûtes. Une épidémie de variole sévit en ce moment à Bachkeui, et avec l'insouciance qui les caractérise ces Turcs ne songent pas à éviter la contagion d'un enfant à l'autre.

Encore quatre heures de marche et nous saluons les rochers cassés, bizarres, tourmentés, fantastiques, qui portent le vieux bourg d'Urgub. Les maisons s'accrochent aux collines de tuf percées, en outre, de nombreuses grottes. Quelques minarets s'élancent çà et là de ce fouillis papillotant sous les rayons d'un soleil incandescent. L'œil n'a pour se reposer que la masse de verdure qui s'allonge au pied du bourg, le long de la rivière. L'ombre y règne, mais nous nous gardons d'y planter nos tentes, car les moustiques y pullulent littéralement. Durant une heure, nous errons à cheval à travers les rues en pente, véritables casse-cou, quelque peu ahuris de tant de blancheur éclatante répandue partout, si bien que nos yeux picotés, fatigués, finissent par voir vert, rouge, bleu, pleurent et n'en peuvent plus. C'est dans un terrain vague au pied de la colline que sera dressé le campement, car là seulement il y a un peu de terre pour enfoncer les piquets. Nous y cuirons, mais du moins les moustiques nous laisseront la paix, et l'eau d'une fontaine voisine nous procurera à satiété les plaisirs du *tub*.

Ces grottes innombrables creusées dans les collines de pierre ponce appartiennent à une immense nécropole byzantine qui descend jusqu'à la plaine, et il n'est pas sans intérêt de voir comment les habitants actuels ont utilisé ces demeures funéraires, et comment en appliquant des façades au-devant des ouvertures, en ouvrant çà et là des fenêtres, ils se sont créé ces étranges habitations. Des cônes de tuf se dressent un peu partout, même dans les rues, capricieusement tracées. Ils sont en général assez réguliers, et varient de hauteur. Les plus élevés atteignent cent mètres. Certaines grottes offrent, comme à Azon-Guzel, des portes ornées d'arcades, de pilastres et parfois couronnées de frontons dans le style byzantin. D'autres ayant servi de chapelles sont ornées de peintures pleines de naïveté qui remontent à l'époque où l'Église grecque couvrait ces régions de monastères, tous placés sous la juridiction immédiate du métropolitain de Cappadoce. Ces peintures représentent des scènes de l'Ancien et du Nouveau Testament.

Pour qu'une ville ait pu se développer au point où elle en est aujourd'hui, car les Turcs n'y ont pas moins de 2000 maisons et les Grecs et les Arméniens réunis deux fois autant, il faut bien une compensation à ce lieu d'apparence si aride et sauvage. Elle consiste, cette compensation, en une couche épaisse de terre végétale répandue sur les plateaux du voisinage, grâce à laquelle ils donnent de bons pâturages, de belles moissons et des fruits. L'eau ne manque pas à Urgub. Elle coule, fraîche et abondante, de nombreuses fontaines. Les rues marchandes ont un air prospère. Les quartiers grecs et arméniens respirent l'aisance avec leurs maisons propres et bien bâties.

Nulle part encore nous n'avons tant souffert de la chaleur. Le séjour de la tente est intolérable, et dehors, à l'ombre, il faut supporter 35 degrés de chaleur et plus, sans un brin d'air. A cette température pénible, il faut ajouter le supplice de deux à trois cents curieux massés devant nos tentes, et nous dévorant des yeux : un flot débordant contre lequel nos zaptiés et Mitcho ne peuvent rien. Les toits, les murs, sont garnis de spectateurs : il faut se résigner à manger, à écrire, à faire sa toilette devant ces innombrables paires d'yeux. Il n'y a que l'obscurité du soir qui nous débarrasse de cette odieuse tyrannie, et nous permet de dormir ou tout au moins de nous allonger sur nos couchettes, les auvents ouverts.

Les Grecs sont très fiers de leur belle église neuve, en marbre du pays, qu'ils nous font visiter et qui mérite en effet leur admiration. C'est le monument moderne le plus important d'Urgub. Cette ville est administrée par un kaïmakam, fonctionnaire qui s'est montré, à notre égard, d'une courtoisie et d'une prévenance parfaites. Il nous a même offert de nous prêter de l'argent si, par hasard, nous en étions dépourvus. Désolé de me voir lasse et souffrant de la fièvre, ce brave homme voulait absolument que j'allasse me remettre au milieu de sa famille, établie dans une maison de campagne du voisinage. Son affabilité nous a vivement touchés, et je suis heureuse de lui témoigner ici ma reconnaissance.

Nous allons prendre le café chez un riche négociant grec qui habite, tout au haut de la ville, une vaste maison en pierre, où l'on jouit d'une agréable fraîcheur, grâce à l'arrosage permanent du dallage des chambres.

Les dames de la maison vont, pendant ce temps, revêtir leurs habits de gala, afin de se faire photographier. Les costumes sont peu gracieux, étant imités des modes européennes. Seule une abondance de monnaies d'or, comme bijoux, leur apporte une note asiatique.

Lorsque après deux jours de repos nous nous mettons en marche, à 5 heures du matin, pour continuer notre route sur Angora, par Hadji-Bektach et Kir-Chehir, nous jouissons d'un coup d'œil merveilleux sur le site d'Urgub, dont les collines teintées de rose semblent un paysage de rêve. Mais nous n'étions pas au bout de nos surprises, car pour gagner le Kyzyl-Irmak, il nous fallut traverser une vallée de tuf dont l'étrangeté s'accentue à mesure que l'on avance vers la rivière.

Nous cheminons dans des couloirs ouverts au milieu d'une floraison d'aiguilles, de cônes, de tours, de pyramides de couleur uniformément grise, presque blanche, qui semblent vouloir confondre notre raison. Mitcho, ce vieux forban de terre et de mer, qui a été tour à tour mousse sur un voilier marchand parcourant les deux mondes, factionnaire de Maximilien à Mexico, terrassier au canal de Suez, tâcheron sur les voies ferrées de la Bulgarie, de la Macédoine, de l'Asie Mineure, a des mines comiques de stupeur en présence de ce paysage singulier. « Que diable! je n'ai jamais rien vu de pareil », me dit-il.

Dans cette vallée solitaire, si capricieusement ornée par la nature, l'imagination peut à son gré peupler, animer ces roches bizarres et muettes. Certains pics ressemblent à des bonnes femmes coiffées du chapeau bressan. D'autres ont l'air d'oiseaux fantastiques figés à jamais dans leur vol de pierre. Ici, vous saluez un obélisque venu directement de la terre des Pharaons et fort surpris du voisinage d'un mélancolique menhir de la Bretagne égaré dans ce milieu insolite. Tous jaillissent, côte à côte, à des hauteurs qui varient entre 10 et 100 mètres. Mais ce n'est rien encore que l'aspect extérieur de ce phénomène géologique; ce qui met le comble à l'étonnement du voyageur, c'est de voir que ces pics, pyramides, obélisques, sont percés de fenêtres, et présentent des suites de chambres superposées, auxquelles un escalier donne accès. Étranges demeures! Quels sont les hommes qui ont vécu dans cette vallée mystérieuse, et ont animé ces solitudes blanches et muettes, véritables revenants perdus dans un site enchanté de conte de fées? Des cénobites chrétiens, très probablement.

GRECQUES D'URGUB. — D'APRÈS UNE PHOTOGRAPHIE.

Ce phénomène géologique va en se rapetissant à mesure que l'on se rapproche du Kyzyl-Irmak qui se présente au bout de deux heures de marche. Sur la rive opposée se dresse le gros village d'Abanos, que

VILLAGE D'ABANOS. — DESSIN DE BERTEAULT.

l'on atteint à l'aide d'un bac fort primitif dans lequel bêtes et gens s'entassent sans façon. De ce point, une marche de sept heures nous conduit à Chamba, pauvre village peuplé de Kizilbachi qui se disent originaires de l'île de Samos. Une courte halte, et nous nous remettons en marche dans l'espoir d'atteindre Hadji-Boktach, situé à quatre heures d'ici. Malheureusement notre fatigue est trop forte, et à la nuit tombante nous nous arrêtons exténués à la bergerie du *tekké* (couvent), située à une heure environ de ce dernier. Le lendemain, par un temps beau et sec, on s'achemine vers le village, devenu célèbre par son couvent de derviches de la secte de Hadji-Bektach.

Chez les derviches bektachi. — Tchelebi-Effendi.

Pendant que notre caravane s'installe, nous nous rendons directement au tekké, où nous sommes reçus par le cheikh, un homme d'une cinquantaine d'années, d'aspect fort distingué. Il est coiffé d'un feutre blanc cannelé de forme lourde et enturbanné de vert; il porte un long manteau de soie verte, et sur le châle qui lui serre la taille brille un gros bouton de cristal taillé. Ajoutons encore que ce chef religieux a l'oreille droite ornée d'une grande boucle en argent, affectant la forme d'une de nos boucles de robe. Les présentations faites, le cheikh nous conduit au fond d'une galerie couverte qui règne sur un côté de la cour intérieure du tekké, et où une sorte de petit salon est établi. Des matelas, des coussins, des tapis couvrent cet emplacement, au milieu duquel est placée, pour le plaisir des yeux, une pyramide de vases de fleurs.

L'ordre des Bektachi et la milice des janissaires ont été intimement liés, et voici pourquoi. L'ordre fut fondé peu de temps avant cette dernière, sous le règne du sultan Orkhan, par Hadji-Bektach Veli, un homme révéré pour sa sainteté. Lorsque le sultan créa la nouvelle milice, il fit présenter quelques miliciens à Hadji-Bektach en le priant de les bénir et de leur donner un nom et un drapeau. Posant sa main sur la tête d'un jeune soldat, le saint bénit la milice, prédit le grand rôle qu'elle était appelée à jouer par sa valeur, lui donna le nom de *Yenitcheri*, dont on a fait « janissaires », et sur un drapeau de couleur écarlate il fit poser comme emblème un croissant blanc avec le sabre à double pointe d'Omar. Tous les janissaires furent, de la sorte, affiliés aux Bektachi. Leur cheikh était colonel du 99e régiment, et huit derviches bektachi, établis dans les casernes, priaient nuit et jour pour la prospérité de l'empire et le succès de leurs nouveaux frères.

Le gouvernement affecte à l'entretien de ce tekké le produit des dîmes de 42 villages. Encore la moitié de cette somme est-elle donnée à Tchelebi-Effendi, dont nous parlerons plus loin. Le revenu du tekké se réduit par ce fait aux dîmes de 21 villages, à la vente des produits de ses jardins, aux vendanges de ses vignes, aux offrandes des visiteurs, et aussi aux cotisations des adeptes. Les derviches reçoivent en outre, de l'administration de la Dette publique, une concession de 1 435 kilogrammes de sel. La légende rapporte que la mine de sel du voisinage a été découverte par le saint Hadji-Bektach, qui a ainsi gagné d'en recevoir sa part.

Le chef suprême actuel de la secte est, nous dit le personnage au bouton de cristal, Ali-Mehemet-Baba. Il habite le village d'Erenkeui, non loin de Stamboul. Celui-ci vient en second lieu, c'est l'imam Hadji-Mehemet-Baba. Il nous donne lui-même ces noms par écrit. Tandis que nous recueillons de la bouche de Hadji-Mehemet-

Baba d'intéressants détails sur la secte, surgissent d'un peu partout des derviches tout de blanc vêtus et coiffés du feutre cannelé, en forme de potiron, enfoncé sur les yeux et les oreilles. Contrairement à la règle générale, ils font vœu de chasteté. Ils sont au nombre de 50 à 60 dans le couvent, dont ils font tous les travaux. Nous sommes frappés de la variété des types qu'ils représentent, mais cela s'explique quand on nous dit que parmi eux se trouvent des Grecs convertis, des Arabes purs, des Albanais, des hommes appartenant enfin à toutes les races de l'Asie Mineure. Cette secte des Bektachi est à l'heure actuelle une des plus puissantes de l'empire ottoman. Elle a des ramifications partout, jusque dans nos grandes villes d'Europe. Hadji-Mehemet-Baba nous dit avec orgueil que sur un signe ils peuvent rassembler une armée redoutable. L'argent ne leur manque pas, et l'aspect prospère de cette maison contraste d'ailleurs vivement avec la misère qui règne partout ailleurs.

Les derviches blancs, aux allures silencieuses, vaquent à leurs travaux. Ceux-ci écrasent du sel, ceux-là moulent du café à notre intention. Tous portent une boucle à l'oreille, mais au lieu d'être en argent, comme celle de l'imam, elle est en jade. Tous aussi ont sur la poitrine une étoile en pierre d'Urgub, portée par les affiliés en général. Quelques imams à turban vert constituant l'état-major du chef sont venus s'accroupir près de nous et, le café pris, ils nous proposent la visite du tekké, qui a cette particularité d'être ouvert à tous, sans distinction de religion ni de race.

Dans son ensemble, le tekké occupe une grande partie du village. Il est clos de murs, et comprend une suite de bâtiments : chapelles, tombeaux, mosquée, logements pour les pèlerins, cours, jardins, etc. Les jardins sont particulièrement intéressants, parce qu'ils renferment à peu près toutes nos cultures. On y voit des pommes de terre, des topinambours, des artichauts, des haricots, des fèves, des pois, toutes nos salades, des oignons, des melons, pastèques, concombres, je ne sais quoi encore! Des fruits en abondance, des vignes et enfin beaucoup de fleurs : toutes choses extrêmement rares dans l'intérieur de l'Anatolie, et inconnues même pour la plupart. Les derviches sont très fiers de leurs cultures, objet de tous leurs soins. Cette traversée du jardin nous amène devant un petit édifice en pierre, hexagonal, comme toutes les constructions funéraires de style perse, et qui n'est autre que le sanctuaire révéré du tekké, le *turbé* ou repose la dépouille du saint Hadji-Bektach-Veli. Il faut se déchausser pour y pénétrer.

Le turbé comprend deux parties : un vestibule et la chapelle funéraire. Dans le premier, quelques Bektachi accroupis sur les tapis précieux qui recouvrent le sol restent plongés dans leur prière. Cette pièce n'offre rien de particulier, et n'est ornée que de tapis et de peaux de gazelles et de tigres, accrochées aux murs. Une porte basse, fermée par une merveilleuse portière en vieille soie verte brodée d'or donne accès dans la chapelle, dont les murs et la coupole pointue, blanchis à la chaux, sont couverts de peintures capricieuses dans le style perse. Au centre, sur une estrade, est placé le tombeau du saint, couvert d'étoffes de soie, aux tons effacés rose, vert pâle, et crispées d'exquises broderies d'or. La pièce serait froide sans ces étoffes qui l'éclairent d'une lueur douce. Des chandeliers de cuivre étincelants sont rangés sur les marches de l'estrade.

MOSQUÉE AUX ENVIRONS DE KIR-CHEHIR (PAGE 477). — DESSIN DE BOUDIER.

Des ex-voto, des dons, envoyés ou apportés par des pèlerins venus des pays lointains, couvrent les murs. Ce sont des prières en belle écriture arabe; des sébiles en noix de coco ou en métal, ciselées, sculptées avec art; des cornes de bouquetin également ouvragées, des haches à double tranchant, des amulettes. Un autre turbé sans intérêt renferme le tombeau du sultan Orkhan, et enfin une mosquée délabrée, dans laquelle on entre sans se déchausser et qui, chose

TUFS DE LA VALLÉE D'URGUB (PAGE 472). — D'APRÈS UNE PHOTOGRAPHIE.

curieuse, ne semble pas avoir d'importance aux yeux des Bektachi, complète la série des édifices religieux du tekké.

L'eau est fournie par une abondante fontaine. Nos guides ont gardé pour la fin la visite de la cuisine et de la boulangerie, justement célèbres dans toute l'Anatolie par leurs proportions gigantesques. Il n'y a rien d'exagéré dans cette réputation. La boulangerie est une immense salle voûtée avec un four dans lequel on cuit tous les jours de l'année 1 000 petits pains distribués aux allants et venants, pèlerins, mendiants, qui, sans cesse, visitent le couvent. Ces pains, délicieux, nous sont remis en grand nombre. Rien ne peut nous être plus agréable, car il y a beau temps que nous ne savons plus ce que c'est que de manger de bon pain.

Une propreté éblouissante règne partout chez les Bektachi. La cuisine, haute et voûtée, renferme plusieurs foyers, au-dessus desquels sont accrochées des marmites de diverses tailles. L'une d'elles, absolument colossale, sert les jours de grande fête, alors que les pèlerins accourent en foule au couvent, notamment le 22 août, qui est le jour de la plus grande fête des derviches. Dans ces prodigieuses marmites on plonge des cuillers de 1, 2 et 3 mètres de longueur! Ce qui me frappe encore dans cette cuisine, c'est une abondance de chandeliers de cuivre si brillants qu'ils jettent des lueurs d'étincelles sous les sombres voûtes de la salle. Là encore règne cette même propreté méticuleuse rendant d'avance appétissante la *tchorba* (soupe) qui cuit dans les *kazanes* ventrues.

CHEIKH DU COUVENT DES DERVICHES DE HADJI-BEKTACH. DESSIN DE PROFIT.

Notre visite terminée, Hadji-Mehemet-Baba nous remet quelques grains de pierre de la grosseur de grains de froment, sur lesquels règne une légende fort accréditée, et que les pèlerins ne manquent pas d'emporter de leur visite. Voici le fait miraculeux qui transforma ce froment en une dure argile. Le saint Hadji-Bektach ayant demandé un jour à des paysans de lui remettre un peu de leur blé pour assouvir sa faim, ceux-ci le lui refusèrent. Il s'écria, alors, indigné : « Qu'Allah change en pierre votre récolte! » Ce qui fut fait. Aujourd'hui ces grains sont donnés aux visiteurs, comme doués de tous les pouvoirs et efficaces à tous les maux. Nous recevons dans notre main une pincée de ce précieux talisman.

Le village proprement dit est bâti en briques de terre; il n'offre rien de remarquable, sinon au nord-ouest un grand toll appelé Souloudja-Kara-Euyuk, du haut duquel nous prenons une vue du tekké. Ce toll, comme la plupart de ceux déjà rencontrés, renferme des débris de vieilles poteries et des monnaies byzantines. La population est essentiellement kizilbach. Elle offre un mélange manifeste de races, et est en outre laide, maladive et sale. Kizilbachi et Bektachi sont affiliés.

Il y a dans ce village un homme très considéré, dont il a été question plus haut, et auquel il est d'usage de faire une visite : c'est Tchelebi-Effendi, personnage dont l'origine mystérieuse est diversement expliquée. D'une part, on raconte que son premier ancêtre est né d'un souffle. Mais parmi les Bektachi, la légende veut qu'il descende d'une femme stérile devenue féconde après avoir bu un verre de sang produit d'une saignée que s'était faite lui-même Hadji-Bektach-Veli. Quoi qu'il en soit, ce personnage jouit de grands privilèges, et nous avions hâte de le voir. Il habite la plus belle demeure du pays. A notre arrivée, on nous annonce qu'il est au harem et on va le prévenir de notre visite. Nous voyons entrer bientôt un grand bel homme d'une trentaine d'années, brun, pâle, très distingué et d'une mise soignée; poli, élégant, gras, Osmanli pur sang. Il ne sait pas le français malheureusement, cela réduit notre visite à la simple politesse du café.

De retour au campement, nous trouvons des repas abondamment pourvus par le tekké. A l'heure du déjeuner et du dîner, arrivent des serviteurs porteurs de plateaux immenses dans lesquels sont rangés une douzaine de mets différents. Tchelebi-Effendi s'est chargé du dessert : c'est dire qu'il est magnifique et que toutes les *tatli* (sucreries) de l'Anatolie y figurent. Et nous, Européens sobres, trop sobres, nous voyons défiler ces choses, parfois fort bonnes, effleurant de-ci de-là l'une d'entre elles, rassasiés déjà par leur seule abondance. De notre tente, le gros du repas va chez les zaptiés et les caravaniers, qui font depuis notre arrivée une perpétuelle bombance. Il faut les voir engloutir, à la turque, cette masse indigeste de nourriture et dans quel ordre se succèdent les plats. Après la soupe, le miel, le lait caillé, puis la salade, le fromage, puis le pilaf, la viande, les légumes. Cette fantaisiste ordonnance est aussi bien en faveur de leur estomac. Il est vrai que dans quelques instants de laborieux hoquets nous annonceront que cet important organe entre en fonction.

Kir-Chehir. — Industrie des tapis. — Rencontre de brigands. Retour à Angora.

12 juillet. — Il y a 60 kilomètres de Hadji-Bektach à Kir-Chehir. Nous les effectuons en huit heures, par une route monotone en construction qui traverse un grand plateau désert et inculte. La ville de Kir-Chehir apparaît au loin, noyée dans une masse de verdure formée par ses nombreux jardins fruitiers. Lorsque nous y entrons, l'air fiévreux qui règne sur ces terres verdoyantes nous engage à demander un asile au mutessarif. Celui-ci, nouveau venu dans le pays, ne trouve rien de mieux que de nous envoyer dans le khan voisin. C'est la première fois, depuis que je voyage, que j'accepte un khan pour logis. C'est dur, car celui-ci justifie pleinement la réputation faite à ces sortes d'hôtelleries. Des légions de moustiques, de punaises, de puces, viennent ajouter leur tourment à la chaleur suffocante qui règne dans le khan, et lorsque nous croyons pouvoir fermer les yeux, un âne placé dans une écurie au-dessous de notre chambre se met à braire formidablement. Ordre est donné à Mitcho d'enlever l'âne sur-le-champ et de mettre fin au concert!

FEMME KIZILBACH DE HADJI-BEKTACH.

Avec ses maisons de terre éparpillées dans les jardins, Kir-Chehir n'offre rien de particulier. La ville est bien approvisionnée d'eau; saules et peupliers y croissent en abondance. Une chapelle renfermant le tombeau de Hachik-Pacha, édifice en marbre blanc qui se dresse dans un fouillis de verdure, et une vieille mosquée construite, dit-on, sur l'emplacement d'une église byzantine, sont les seuls monuments de Kir-Chehir, qui possède aussi pourtant son euyuk, c'est-à-dire un immense tell placé au milieu de la ville et couronné d'un bâtiment affecté à une école. L'édifice a belle mine de loin, malheureusement il est, comme tant de choses en Turquie, inachevé et inhabité.

On ne peut guère voyager en Anatolie sans entendre parler des tapis de Kir-Chehir. Ce nom revient sans cesse comme un lieu de grande production de ces tissus, qui se font dans les familles, où ils sont la principale occupation des femmes, tant chrétiennes que musulmanes. Chaque ménage a son métier. J'avais hâte de voir de près et sur place ces tapis. Malheureusement cette industrie, toute

DERVICHES DE HADJI-BEKTACH. — DESSIN D'OULEVAY

moderne, ne m'a causé qu'un profond mécontentement. D'atroces dessins de moquettes allemandes, des couleurs à base d'aniline employées dans la teinture des laines, la mènent, je crois, tout droit à sa perte. Quand on pense qu'en Perse des édits royaux interdisent les produits chimiques dans la teinture des laines, on ne peut que regretter que la Turquie ne prenne pas les mêmes précautions pour conserver, dans toute sa primitive beauté, cet art bien national de tisser et de colorier ces tapis soyeux, aussi doux à contempler qu'à fouler, dont les nomades turcomans ont jadis apporté le secret.

Une visite que nous désirons faire au kaïmakan dans le but de lui demander certains renseignements utiles à la suite de notre voyage donne lieu à une scène burlesque. Arrivés dans le jardin du konak municipal, où des zaptiés et toute une valetaille à fez prennent le frais, nous demandons à parler au chef de la gendarmerie. Celui-ci, un pauvre *yuz-bachi* (celui qui commande cent têtes) dont la culotte est fort déchirée et les souliers éculés, se détache d'un groupe, et vient s'asseoir dans un fauteuil d'où il s'apprête gravement à nous écouter. Cette attitude étonnante vis-à-vis d'étrangers dûment escortés et annoncés officiellement, nous laisse quelques instants bouche bée devant cet invraisemblable gendarme jouant son grave personnage. Mais M. Chantre, qui n'est pas patient sur le chapitre des impolitesses faites à nos casques, se met à le molester sur un ton qui n'admet pas de réplique, et lui ordonne d'aller sur-le-champ prévenir le kaïmakan de notre visite. Tête du pauvre zaptié qui croyait faire un bel effet sur l'assistance musulmane en malmenant des ghiaours!...

Au bout de quelques instants, on vient nous dire que le fonctionnaire est dans un jardin voisin, occupé à régler les affaires administratives de la ville, et qu'il nous attend. Nous trouvons, en effet, cet homme important siégeant au milieu de son conseil municipal, dont la salle, établie en plein air, est représentée par deux rangées de beaux fauteuils en velours grenat avec bois doré, alignés sous des saules touffus, et au bord d'un ruisseau grondeur, que nous traversons sur une planche étroite. Des paperasses blanches traînent un peu partout sur l'herbe, où des écrivains, assis par terre, expédient sur leurs genoux les affaires du pays. Les gros bonnets, ou plutôt les gros turbans, ont réintégré leurs fauteuils en notre honneur. Le kaïmakan nous accueille froidement, mais très poliment. Il nous donne tous les renseignements que nous désirons, et nous nous retirons, médiocrement enchantés de l'accueil, mais pouffant de rire devant cette solennité hypocrite des conseillers au gros ventre, tout somnolents d'hébétude sous leurs turbans.

Le soir, nous dînons chez un entrepreneur, un Calabrais, qui fait la nouvelle route de Kir-Chehir à Hadji-Bektach, et quelle route!... Tout en mangeant, et en flânant après dîner, il se dit bien des vérités sur la situation politique de la Turquie. Pour regagner notre khan infect, il nous faut traverser les ruelles désertes du bazar, où seuls les chiens grondent sourdement à notre passage. Une nuit encore, les odeurs ammoniacales et les bêtes nocturnes mêleront à nos rêves leurs effluves nauséabonds et leurs contacts odieux. Ah! que ne puis-je dormir au pied d'un arbre, à la belle étoile!...

De Kir-Chehir, nous prenons la voie la plus rapide pour atteindre Angora. Le 16 juillet nous arrivons, le matin, au village de Keupru-Keui (Village du Pont), ainsi appelé parce qu'ici un beau pont de pierre est jeté sur le Kizil-Irmak, à l'entrée d'une gorge étroite et sauvage dans laquelle la rivière Rouge se précipite en de fantasques lacets. Tout près du pont est assis un mélancolique lion de pierre, contemporain des temps, lointains hélas! où des conquérants ardents et guerriers remplissaient l'Asie du bruit de leurs armes, couronnaient de fleurs leurs païennes déesses, et paraient leurs conquêtes d'édifices somptueux.

Laissant la chaussée, nous prenons un sentier raccourci, et après une étape des plus rudes, nous nous endormons le soir dans un vallon sauvage, de fort mauvaise réputation. Un poste de zaptiés est sensé le garder contre les attaques des brigands; mais on a oublié de donner des fusils à ces pauvres soldats, de sorte que je ne me représente pas comment, le cas échéant, ils viendraient en aide aux voyageurs attaqués. Dans tous les cas, nous ne dormons que d'un œil, par prudence. Mais la crainte des voleurs n'est pas le seul mauvais souvenir de ce vallon, le pire est celui de grandes araignées rouges et velues qui couraient par centaines sur nos tentes et partout. Le lendemain, nous nous retrouvons au complet, sains et saufs, et nous levons le camp avec empressement. Le petit vallon étroit continue de serpenter devant nous. La caravane suit à quelque distance sous la conduite d'un soldat. Il était dit pourtant que ce repaire bien connu ne nous laisserait pas dans l'illusion d'une réputation surfaite. A un tournant, nous apercevons à une centaine de mètres de nous, assis sur l'herbe, un trio étrange sur lequel il n'est guère possible de se faire illusion. Les trois hommes, porteurs d'armes et de gros bâtons, fument négligemment, assis en rond.

Pour la première fois, je vois Hassan froncer les sourcils, descendre de cheval, et armer son fusil. « Excellences, voici des brigands, dit-il à mi-voix, attendons la caravane. » On s'arrête. Tout le monde prépare ses armes, tout en examinant les alentours, gardés, suivant toute vraisemblance. Une certaine angoisse nous étreint, car dans ce vallon solitaire une attaque à main armée serait des plus faciles. La caravane apparaît à son tour, Mehemet en tête. Il n'a pas non plus besoin de regarder deux fois le trio pour être fixé. Il saute de cheval et, comme Hassan, arme son fusil. Des caravaniers et de Hadji-Mehemet, je ne dirai rien. Leurs visages décomposés, leurs jambes chancelantes en faisaient des êtres plus morts que vifs.

Ainsi réunis, nous nous avançons en bande, à la queue leu-leu, sur l'étroit sentier. Les hommes nous

VILLAGE ET COUVENT DE HADJI-BEKTACH (PAGE 473).

regardent sournoisement : ils n'ont rien perdu de notre manège. Quant à moi, j'avoue que mon cœur bat plus vite que de coutume, et que je voudrais bien respirer un autre air. Cependant j'ose me rendre cette justice, que j'ai été stoïque, et que les brigands n'ont pas pu lire la peur dans mes yeux. Mince gloriole, direz-vous, mais encore, que l'on y vienne voir!...

Il eût été difficile de dire à quelle race appartenaient ces messieurs; pourtant l'un d'eux, à chevelure longue et crépue, nous parut un pur tsigane. C'est lui qui le premier rompit le silence :

« Donne-moi du feu », dit-il à Hassan. Pendant ce temps un autre, se tournant vers mon mari, lui demandait l'heure. Comme on le voit, sous tous les cieux de notre planète, les malfaiteurs ont, à peu de chose près, un vocabulaire analogue. Il ne restait plus qu'à nous demander la bourse ou la vie. Dieu merci, ils ne le firent pas, et nous nous éloignâmes lentement, au pas de nos chevaux lourdement chargés. Trop nombreux et trop bien armés, nous ne pouvions pas être de prise facile pour ces bandits. Mais malheur au paysan, au petit propriétaire passant là avec des bêtes de somme, sans escorte, pour abréger son chemin!...

Nous comptons arriver ce soir coûte que coûte à Angora : soit une étape de douze heures à cheval (il y a une centaine de kilomètres) sous un soleil torride (50° au soleil de 11 heures à 2 heures, 36 et plus à l'ombre).

Après une halte d'une heure pour déjeuner, nous nous remettons en marche. Ce n'est qu'à 9 heures du soir seulement, à la nuit noire, que nous apercevons les feux d'Angora. Bêtes et gens vont machinalement, inconscients, moulus. Je ne sais par quel miracle d'équilibre je me tiens encore sur mon cheval, et comment lui-même se tient sur ses jambes. Par le dédale des rues noires, tortueuses, glissantes, notre bande gravit la ville, et c'est avec un cri de délivrance que je salue enfin la maison hospitalière de notre excellent ami le Dr Bonkovsky-Bey, qui nous accueille à bras ouverts.

A Angora, le règlement de notre chef de caravane ne se fit pas sans difficulté. Mécontent à l'excès de la mauvaise foi de Hadji-Mehemet, mon mari résolut de lui faire une assez forte réduction sur la somme que nous lui devions encore, à titre de dédommagement du tort qu'il nous avait fait en nous fournissant des chevaux et des mulets impotents et mal nourris. Mehemet cria, tempêta, et l'affaire alla chez le juge, qui, fort heureusement, prit notre défense et molesta sévèrement son coreligionnaire sur son manque d'honnêteté à notre égard. Cet ennui, le seul sérieux de notre premier voyage, était amplement compensé par la satisfaction que notre zaptié Hassan n'avait cessé de nous donner. Nous l'en récompensâmes par un généreux bakchich, et comme on lui demandait s'il était content de nous : « Oui, dit-il avec dignité, ils m'ont bien payé, mais j'ai la conscience d'avoir fait pour eux tout ce qui était en mon pouvoir. Nuit et jour j'ai veillé sur eux et j'aurais fait le sacrifice de ma vie pour leur éviter un danger. Si Dieu veut que je fasse encore un voyage avec M. et Mme Chantre, ajouta le brave garçon, j'irai où ils voudront, dans le Yemen, au bout du monde! » Bon type du peuple, que ce Hassan, caractère honnête et droit qui montre que la nation turque n'est pas gangrenée entièrement. Nous eûmes d'autres bons soldats d'escorte, mais aucun ne s'était autant attaché à nous.

A Constantinople, une autre séparation pénible nous attendait : notre bon Mitcho allait nous quitter, et lui aussi emportait nos regrets sincères.

Bien maigris, bronzés, fatigués par nos marches à cheval, la vue de Stamboul, toute vibrante sous les rayons d'un soleil d'août, nous était des plus agréables. Le retour au bien-être nous paraissait délicieux quand nous songions aux étapes de la triste Cappadoce. Et pourtant ce n'était pas un adieu que nous avions dit à l'Anatolie. Une nouvelle campagne nous paraissait nécessaire pour mener à bien les fouilles entreprises à Kara-Euyuk. Cependant une ombre au tableau nous contrariait pour l'avenir, car nous sentions que la révolution, latente et même déjà en activité sur certains points, allait prochainement armer chrétiens contre musulmans dans toute l'Asie Mineure. Las de souffrir, les Arméniens s'apprêtaient à la révolte. Nous ne pensions pas alors que tant de sang serait inutilement versé et que l'intervention des puissances européennes, pour des causes politiques, serait si lente.

Deux ans se sont écoulés et la crise est entrée dans sa période aiguë. Il est vrai que l'Europe semble à bout de patience; les chancelleries ont fini par tomber d'accord, et les navires de guerre partent pour les eaux du Levant. Dieu veuille qu'ils n'arrivent pas trop tard, et que les hordes turques et kurdes laissent assez d'Arméniens vivants pour que cette intervention soit efficace à leur nation infortunée. Souhaitons aussi pour l'honneur de l'humanité et le bien de ce que la population turque renferme d'honnêtes gens que la dynastie des « coupeurs de têtes » prenne fin au plus vite et qu'Abdul-Hamid ferme la période barbare de la Turquie.

Nous fûmes précisément victimes, en 1894, de l'état troublé du pays, car nos travaux repris au tell de Kara-Euyuk, comme j'ai eu déjà occasion de le dire, furent brutalement interrompus par un iradé impérial qui nous expulsait du territoire turc, parce que nous avions été dénoncés comme suspects de propagande révolutionnaire. C'est sous le coup de cette révoltante injustice que nous décidâmes d'effectuer notre retour par le Taurus et la Cilicie, en traversant le Khozan. Cette excursion dans un pays superbe et si riche en souvenirs du passé fut, du moins, une consolation à nos ennuis.

Mme B. Chantre.

LES CURIEUX DEVANT NOTRE TENTE. — DESSIN D'OULEVAY.

KIBITKA D'AVCHARS (PAGE 11). — D'APRÈS UNE PHOTOGRAPHIE.

EN ASIE MINEURE[1].

CILICIE.

PAR Mme B. CHANTRE.

I

Sur le tell de Kara-Euyuk. — Expulsés du territoire turc par iradé impérial. — Départ de Sourp-Garabet. — Tomardza. — Adieu au vilayet d'Angora ! — Anti-Taurus. — Le Kuru-Bel. — Campements avchars. — Les belles forêts du Taurus. — Vandalisme des bergers turcs. — Rencontre de paysans qui nous mettent de force en quarantaine. — Dans le Tekké-Déressi. — Notre campement. — Attente d'un médecin. — Ennui d'une quarantaine. — Les caravaniers ont faim. — Arrivée d'un soi-disant médecin et d'une garde de police. — Cordon sanitaire. — Le Tekké-Déressi et sa mauvaise réputation. — Départ. — On nous désinfecte. — Arrivée à Sehar.

C'est sur le tell de Kara-Euyuk où nous venions pour la seconde fois poursuivre nos fouilles, comme je l'ai dit en terminant la relation de notre voyage en Cappadoce[2], que la nouvelle de l'iradé impérial lancé contre nous et ordonnant notre expulsion du territoire turc nous était parvenue, nouvelle stupéfiante, car nous nous étions dûment munis — avant de nous mettre en route — de tout ce qui devait nous faciliter nos travaux, en fait de passeports, de lettres des ministres, de tous les parafes enfin ayant don d'aplanir les difficultés faites aux voyageurs en pays ottoman. Il fallait pourtant s'incliner, car les ordres étaient brefs et durs, et notre ambassadeur nous disait, lui aussi, de ne pas résister et d'effectuer notre retour.

ARMÉNIENNE DE TOMARDZA (PAGE 1). DESSIN DE BIGOT-VALENTIN.

C'est dans ce triste désarroi de notre travail et de nos projets que nous dûmes nous acheminer vers notre asile hospitalier du séminaire de Sourp-Garabet. Une fois encore les lourdes portes du fier couvent s'ouvrirent devant les voyageurs français, et une fois encore cette paisible demeure leur procura la paix et le repos dont ils avaient tant besoin dans leur détresse. Notre présence dans le couvent ne fut pas pourtant sans créer à Mgr l'évêque Balian des difficultés ennuyeuses de la part des habitants de Césarée, qui avaient espéré trouver auprès de lui un asile et un abri dans leur fuite affolée devant le choléra. Mgr Balian, désireux de préserver les élèves du séminaire

1. *Voyage exécuté en 1894. — Texte inédit. — Dessins d'après les photographies de l'auteur.*
2. *Voyez Tour du Monde*, 1896, p. 409, 421, 433, 445, 457 *et* 469

qui n'étaient pas encore en vacances, avait refusé énergiquement jusque-là de se rendre aux prières des Kaïsariotes, en dépit des sommes que certains d'entre eux offraient pour être logés ainsi que leur famille dans les bâtiments réservés aux pèlerins. Ils menacèrent d'enfoncer les portes, et des scènes pénibles se passèrent au pied des hautes murailles du couvent lorsqu'ils surent qu'une exception avait été faite en notre faveur.

A Césarée, le mutessarif Fekham-Pacha, malade de peur, avait — dès leur arrivée — accaparé pour le soigner les médecins venus de Constantinople pour constater l'étendue du fléau et apporter des secours. Les rues désertes ne renfermaient plus que les pauvres et les malades dans l'impossibilité de s'enfuir dans les campagnes voisines. Les boutiques du bazar étant closes, les chiens affamés de ce quartier devinrent une inquiétude de plus pour les édiles. Il fut décidé qu'on leur ferait des distributions régulières de nourriture, afin qu'ils ne mourussent pas de faim et qu'ils n'ajoutassent pas un élément de plus à l'infection régnante. On fit des sacrifices d'animaux tels que bœufs, chameaux, moutons, devant les mosquées, et pour tranquilliser les esprits terrifiés, les mollahs racontaient que le cheik ul Islam avait eu un songe durant lequel il avait appris que le choléra s'en irait vers le Sud, et que tout serait bientôt fini ici. Les Sœurs et les Pères s'ingéniaient de leur côté pour rassurer les pauvres chrétiens, également frappés de terreur.

L'arrivée des médecins eut, il est vrai, un effet assez prompt. Les pharmaciens se décidèrent à ouvrir leurs boutiques et après les jours sombres que nous avions traversés, l'épidémie alla en diminuant.

Les précautions de Mgr Balian ne furent pas inutiles, car parmi les gens réfugiés autour du couvent dans les nombreuses grottes naturelles de cette région, quelques décès survinrent. L'ensevelissement des cholériques soulevait parfois des difficultés : on vit des musulmans enterrer précipitamment des chrétiens que leurs coreligionnaires refusaient de toucher, et réciproquement! Tristes jours et tristes souvenirs! Nous assistions, muets et navrés, du haut de nos remparts, à ce désolant spectacle. Enfin, nous décidâmes d'effectuer notre retour, comme nous l'avions projeté tout d'abord, c'est-à-dire par le Taurus et la Cilicie, en dépit des difficultés qui pourraient se présenter. Le mutessarif voulait que nous prissions la route plus directe, mais beaucoup moins intéressante, pour Mersina par Bor et Nigdeh : c'était assez de voir nos fouilles interrompues, et nous tînmes bon pour notre itinéraire. Les passes de l'Anti-Taurus, le Khozan, Comana, leurs populations montagnardes si intéressantes, l'espoir de quelque trouvaille archéologique, tout nous décidait à partir par Sehar, Hadjin, Sis, Adana.

. . . .

NOTRE CHEF D'ESCORTE. — DESSIN DE GOTORBE.

En 1894, nous avions emmené avec nous un compagnon de voyage, M. Alfred Boissier, jeune et distingué assyriologue genevois que l'attrait d'une visite aux antiques sanctuaires de l'Asie Mineure avait entraîné à se joindre à nous.

Mitcho, notre cher et fidèle drogman de l'année précédente, ne pouvait nous accompagner cette fois encore, car il avait repris son emploi de tâcheron dans la Compagnie Vitalis. Il fallut nous résigner à accepter pour cet emploi un certain Nicolas, de Constantinople, soi-disant Croate, mais surtout Levantin élégant et efféminé qui ne comprit jamais bien ses fonctions. Il s'imaginait volontiers voyager en amateur, prétendait monter le plus joli cheval, se chaussait de souliers à nœuds de ruban durant nos séjours, et affectionnait particulièrement les ceintures de flanelle blanche : un bellâtre doublé d'un ignorant, telle fut notre triste acquisition dans ce genre.

Le cuisinier Pierre, un vrai Monténégrin, celui-là, jeune homme ne parlant guère que le slave et un peu de français, était honnête, mais, à notre grande surprise, il se révéla au bout de peu de temps si malade de la poitrine que nous faillîmes le perdre plusieurs fois durant le voyage. Notre escorte comprenait deux zaptiés dont un, le fameux Hassan de l'année précédente, que le gouverneur d'Angora avait consenti à nous donner de nouveau. Décrire la joie de Hassan, à la nouvelle de notre arrivée, est impossible. Ce nous fut une grande satisfaction, en même temps qu'une

DÉBOISEMENT DU TAURUS (PAGE 6). — D'APRÈS UNE PHOTOGRAPHIE.

tranquillité d'esprit, d'avoir ce garçon si dévoué avec nous. Les caravaniers, pris à Angora, étaient honnêtes et bons, vrais types des villageois turcs de l'intérieur. Ils ne cessèrent de nous témoigner leur attachement de mille façons touchantes, sans jamais se laisser rebuter par les ennuis de notre marche, dans un pays en prise au choléra. Au lieu de louer nos chevaux, comme dans les précédents voyages, nous avions préféré les acheter et les choisir à notre gré; aussi avions-nous quitté Angora, munis d'excellentes bêtes. Le cheval est un élément d'une telle importance dans ces voyages, que l'on ne saurait trop bien se pourvoir. Nous fûmes pleinement satisfaits, d'autant plus que nous avons toujours avec nous nos selles et nos harnais, très différents de l'équipement asiatique.

La présentation de notre caravane étant faite et le lecteur connaissant ses membres, revenons à notre départ de Sourp-Garabet, départ assombri par la menace des quarantaines que les vilayets non contaminés avaient établies pour se garantir.

Nous venons, hélas! du foyer même du fléau, et cela est une déplorable recommandation pour notre nombreuse bande. En effet, sur notre passage, les paysans prennent une attitude menaçante, et, véritables parias, nous devons éviter les villages et passer au loin, car nous venons de Césarée; nous avons peut-être le choléra parmi nous, et à aucun prix les pays non encore contaminés ne veulent notre approche. Nous allons ainsi sous la menace de fusils braqués par des gaillards résolus à se protéger, car c'est l'arme au poing que la garde de chaque village est faite. Ils n'ont pas tort, assurément, mais ce soir, demain, qui sait? peut-être aujourd'hui même, ils l'ont reçu le choléra, sous la forme d'un piéton, d'un pâtre, d'un mendiant qui, lui, entre sans bruit et cause tout le mal..... Une touchante preuve de la sollicitude de l'administration pour les gens du pays, c'est cette visite d'un mudir des environs de l'Argée, bon Turc qui avait ouï parler du microbe du choléra et qui, ayant conçu des doutes à l'égard de la pureté des eaux de son village, s'arma d'une forte loupe avec laquelle il les examina longuement. Le résultat obtenu fut la constatation de beaucoup de microbes et la recommandation paternelle de ne pas boire ces eaux! . . . .

. . . .

Après une nuit passée à 1.340 mètres d'altitude au-dessus de Tallas, nous prenons la route de Tomardza, marquée sur notre itinéraire. C'est une étape de huit heures, fatigante, avec, sans cesse, la crainte de voir se dresser une quarantaine devant nous. En effet, le mudir refuse de nous laisser entrer et prétend même nous faire retourner à Césarée. Il a reçu l'ordre, dit-il, de ne laisser passer personne sur son territoire!

Fort heureusement, nous avons une lettre de recommandation pour l'évêque du couvent de Tomardza, dépendance de celui de Sourp-Garabet, et nous la lui faisons porter par un de nos cavaliers. Une réponse favorable nous parvient bientôt, et nous laissons là le mudir et ses criailleries, pour aller décharger nos bêtes et prendre gîte dans le couvent. Pour de pauvres pestiférés que nous sommes, cet accueil nous fait grand bien. Nos hommes semblent peu désireux de courir, avec nous, les aventures du Taurus. On nous assure que nous ne quitterons pas le vilayet d'Angora sans faire une quarantaine de onze jours avant d'entrer dans celui d'Adana. Comme on le voit, notre avenir était assombri par bien des points noirs, et ce fut un triste repas que celui que nous prîmes le soir, dans une chambre délabrée du vieux monastère. Quelle reconnaissance ne leur devons-nous pas à ces saints asiles arméniens, toujours ouverts devant nous et si largement hospitaliers! Aussi avec quel serrement de cœur avons-nous appris leur pillage, leur destruction par le feu, et le meurtre de ces vieux vartabeds à barbe blanche, lapidés, écartelés par la farouche soldatesque qui a récemment mis à feu et à sang tant de villages arméniens!... Quel chagrin pour nous de lire les navrantes nouvelles qu'apportaient les journaux, et les détails circonstanciés venus de là-bas plus directement, écrits à nous dans les larmes et le deuil! Il faut avoir vécu sous le toit de ces Arméniens, connu la douceur de leurs mœurs, leur valeur morale et intellectuelle, pour bien comprendre ce que ces massacres ont d'odieux, d'intolérable. Les Grecs, chrétiens eux aussi et vivant côte à côte avec eux, n'ont jamais été troublés, parce qu'ils ont leurs défenseurs en Europe, tandis que les Arméniens, qui ont-ils? Personne, absolument personne. Anciens maîtres du pays, ils sont devenus les esclaves d'un vainqueur puissant. En vain leurs plaintes s'élèvent vers le ciel; en vain la victime implore-t-elle la pitié humaine. Personne ne veut les connaître; personne n'est leur proche; personne ne s'émeut. Il faut être vraiment philanthrope pour s'attendrir sur de tels maux, et les masses humaines ne sont pas philanthropes. Il a fallu des voix autorisées, des cœurs vibrants qui, du haut de la tribune parlementaire ou du haut de la chaire, ont essayé de faire comprendre le douloureux martyre de la nation arménienne. J'ai vu les sourires amers, et les larmes de ces hommes, aujourd'hui morts, — et de quelle mort! — nous demandant, il y a deux ans à peine, pourquoi la France généreuse et chevaleresque ne prenait pas, elle, leur défense. Ils sentaient le moment proche pour eux où les Turcs, las de les sentir en perpétuelle rébellion contre leur traitement indigne, les briseraient afin d'en finir une fois pour toutes avec eux.

NOMADES DU TAURUS. — DESSIN DE GOTORBE.

. . . .

. . . .

Un homme du pays est venu s'offrir pour nous guider dans les montagnes; nous l'avons accepté, et nous nous levons à l'aube, avec le projet bien arrêté de sortir du vilayet d'Angora. Il suffit pour cela de traverser le Zamaulia-Sou. Au moment de partir, un second guide, jeune homme d'Everek, nous propose de nous accompagner dans les défilés du Taurus. Ce n'est pas trop de deux hommes, et nous l'acceptons. Nos zaptiés ont repris courage; l'un d'eux, Ali, est décidé à nous accompagner au bout du monde!

C'est au pont du Zamaulia que doit se tenir la quarantaine redoutée. En deux heures nous arrivons à la rivière. Nous traversons un méchant pont, non gardé; nos yeux ne voient nul être humain préposé à la surveillance de ce passage. Nous sommes sauvés, quelle chance! Adieu au vilayet d'Angora! Adieu aux misères que nous y avons subies! Adieu à Fekham-Pacha!... Une joie folle m'envahit et se communique à mes compagnons. Un beau rideau de montagnes bleues se déroule devant nos yeux. C'est l'Anti-Taurus, dont les vallées et les gorges seront désormais nos seules routes. C'est à une vive allure que nous gravissons ses premiers contreforts et que nous nous engageons dans un vallon semé de bouquets de genévriers, ainsi que d'autres conifères dont la vue et les âcres senteurs nous remplissent d'allégresse.

Nos guides nous conduisent jusqu'à une magnifique fontaine près de laquelle nous décidons de camper. Cette source, appelée Yedi-Oluk, coule dans un vallon placé à l'entrée du Dede-Bel. Le mot de *bel* signifie ici « défilé »; il y en a sept pour cette partie du Taurus, mais trois seulement sont fréquentés.

Sterret ayant pris quelque temps avant nous le défilé dit Dede-Bel, nous résolûmes de faire un trajet nouveau en nous rendant à Schar, c'est-à-dire à Comana, par le Kuru-bel, l'une des passes du Taurus les plus importantes, bien qu'elle ne soit pas des plus faciles.

Après le froid pénétrant de la nuit, dont le calme était quelque peu troublé par le bruit grondant de la source de Yedi-Oluk, la caravane se remet en marche, et l'on est heureux de sentir courir sur son épiderme la chaleur déjà sensible du soleil levant. Nous suivons le vallon et avançons au milieu d'un paysage d'une sauvage grandeur. Il faut avoir parcouru les solitudes et les plateaux nus de la Cappadoce pour comprendre la joie que nous éprouvons à la vue d'un changement de décor aussi complet que celui auquel nous assistons depuis Tomardza. Au loin, devant nous, le Soani-Dagh dresse ses cimes blanches de neige. Tout change d'aspect dans cette région splendide de l'Anti-Taurus, dont les vallées boisées donnent asile à des populations semi-nomades qui viennent y dresser leurs campements d'été. Notre première halte a lieu précisément dans l'un de ces campements pittoresques dont les huttes, en forme de kibitkas, annoncent des Avchars. Ceux-ci, d'aspect méfiant, et — à tort ou à raison — redoutés pour leurs brigandages et leurs rapines, nous font un accueil des plus froids, tandis que leurs chiens féroces semblent très décidés à nous dévorer. Ce campement est trop pauvre pour que nous songions à nous y arrêter longuement, aussi le quittons-nous assez vite. Alors commence le défilé du Kuru-Bel, dans lequel nous entrons. A 1.800 mètres, nous déjeunons près d'une fontaine. Le chemin est horriblement mauvais; des roches glissantes rendent la marche de la caravane très pénible et nous obligent d'aller à pied. Nous en profitons pour herboriser le long du chemin, car une flore intéressante et variée s'épanouit au milieu de ces roches. En cueillant des immortelles dorées, des *sedum* à fleurs rouge vif, de grandes campanules violettes, nous atteignons 2.000 mètres d'altitude.

Cahin caha, tantôt à pied, tantôt à cheval, nous cheminons dans l'étroit passage. Les gens du pays appellent le Kuru-Bel le « chemin des chiens ». C'est l'avis de mon jeune cheval, qui a des airs très dégoûtés au milieu de ce chaos de pierres. Aussi la vue d'un tapis d'herbe lui paraît quelque chose de si agréable que, oubliant ma présence sur son dos, il se jette par terre, essaye de se rouler, et me met dans une position fort critique!

LE TEKKÉ-DÉRESSI. — D'APRÈS UNE PHOTOGRAPHIE.

CAMPEMENT DE LA MISSION DANS LE TEKKÉ-DÉRESSI (PAGE 8). — D'APRÈS UNE PHOTOGRAPHIE.

Au Kuru-Bel succède une petite vallée appelée Ak-Déressi, parce qu'elle est arrosée par l'Ak-Sou. Partout les montagnes portent des restes de forêts qui ont dû être fort belles. Les genévriers de cette région méritent une mention spéciale, car ils atteignent des proportions rares. Certains d'entre eux ont des troncs qui mesurent 4 mètres de tour. Malheureusement, les hommes, dans ce pays, n'ont aucun respect pour les arbres. Le berger qui veut se réchauffer ne se baissera pas pour ramasser une poignée de bois mort, mais il mettra le feu à un arbre entier : pin, abiès quelconque, genévrier, fût-il superbe et centenaire. Aussi l'aspect de ces bois est-il lamentable! C'est en respirant l'air pur et vif de ces hauteurs, où des taches de neige apparaissent çà et là, que nous voyons défiler ces pauvres forêts massacrées, brûlées, parmi lesquelles quelques grands squelettes de vieux arbres agitent désespérément leurs longs branchages blancs et lisses comme des ossements. Ils sont sinistres et semblent en appeler à la justice et au bon sens des hommes. Mais, hélas! ni la justice ni le bon sens ne sont de règle dans ce triste pays. La dévastation, la tristesse des villages, des plaines, se retrouve jusque sur ces hauteurs où la forêt, jadis verte, frissonnante de vie, tout embaumée, n'est plus, elle aussi, qu'un séjour morne, figée qu'elle paraît dans sa douleur de voir massacrer ses enfants. Nous regrettons un tel vandalisme, et pendant ce temps la caravane prend sur nous une petite avance, qui nous la fait bientôt perdre de vue.

Nous songeons à la rejoindre et hâtons le pas dans les lacets de la fatigante descente de l'Ak-Déressi, lorsque, ô surprise! ou plutôt, ô douleur! nous voyons nos bêtes déchargées paître paisiblement, tandis que nos cantines sont éparses dans une prairie, entourées de nos hommes en proie à un morne désespoir. Ce tableau imprévu nous plonge dans une juste stupeur, mais la vue d'une rangée de gaillards — au nombre de trente — alignés au fond du pré et tous armés de fusils, nous fait craindre une attaque à main armée, aucun village ne se trouvant à proximité. Nicolas, notre vaillant interprète, devient vert, et il faut le secouer vigoureusement pour l'obliger à entrer — tout tremblant — en pourparlers et à nous faire expliquer la situation.

Après de longues criailleries, des gestes à n'en plus finir, nous apprenons enfin que nous sommes en présence, non de brigands, mais de paysans arméniens venus du village de Schar, où la nouvelle de notre passage leur est parvenue, Dieu sait comment. Ces paysans savent que nous venons de Césarée, que nous avons quitté le vilayet d'Angora sans faire de quarantaine, et ils refusent avec une énergie sans pareille de nous laisser aller plus avant sans que nous ayons accompli auparavant la quarantaine réglementaire ici, sur place,

CHEZ LES AVCHARS (PAGE 11). — DESSIN DE J. LAVÉE.

là même où ils ont obligé nos caravaniers à décharger! Ils veulent à tout prix se préserver du choléra, et se chargent de faire eux-mêmes la police de leur pays, le gouvernement n'y ayant pas encore pourvu.

La fureur de mon mari, celle de M. Boissier et la mienne sont indescriptibles. Bien portants comme nous le sommes tous, nous nous révoltons à l'idée d'être immobilisés ici. Ces paysans qui nous arrêtent avouent, entre temps, que nous sommes les premiers Européens qu'ils aient vus dans ces lieux. Ils vieillissent sans voir d'étrangers. C'est en vain que nous leur faisons comprendre qu'ils n'ont rien à craindre de notre passage. En vain on leur affirme que M. Chantre est médecin, et qu'il serait le premier à soigner et à surveiller son monde. C'est inutile. Isolés, abandonnés comme ils le sont au cœur de ces montagnes, ils répètent qu'ils sont résolus de faire eux-mêmes la garde de leur pays et de le défendre du choléra. Ils expliquent, d'ailleurs, très clairement et intelligemment que, puisque ailleurs nous aurions dû faire onze jours de quarantaine, nous devons les faire ici avant d'entrer à Sehar.

Chaque fois que nous ordonnons à nos caravaniers de charger leurs bêtes et de se mettre en route, chaque fois les trente fusils nous couchent en joue, et les caravaniers, à demi morts de peur, lâchent caisses et chevaux. Pourtant, un argument excellent nous empêche de nous arrêter ici : il n'y a pas d'autre eau qu'une source qui sourd goutte à goutte, et nous sommes seize personnes, et avons, en outre, besoin d'un abondant pâturage pour vingt chevaux. Un des guides a déclaré qu'à une demi-heure de là, dans le Tekké-Déressi, il connaissait un endroit où l'eau coule abondante, où les tentes pourront être dressées facilement, et où enfin nos chevaux auront un excellent pâturage.

M. Chantre déclare alors aux paysans qu'à aucun prix il ne s'arrêtera dans un endroit sans eau, et qu'il veut aller sur le point que notre guide indique. Les paysans obstinés menacent, arment leurs fusils, mais cette fois c'est en vain. Nous sautons à cheval, revolver au poing, prêts à nous en servir s'il est nécessaire, et leur déclarons que nous voulons aller dans le Tekké-Déressi, peu éloigné de Sehar, que nous sommes des Français et que jamais, dans aucun pays, on n'a impunément touché à un « casque blanc », car c'est sous ce nom qu'on nous désigne : *beyaz chapka*. Puis nous éperonnons nos chevaux et nous nous acheminons vivement, suivis des paysans qui — tous sont montés aussi — ont couru détacher leurs bêtes. Nous avions affaire à des chrétiens, à ces Arméniens fiers et indépendants du Khozan qui ont fait leurs preuves, il y a peu de temps encore, dans les derniers massacres en Asie Mineure. Ils se sont défendus comme des lions contre la soldatesque turque et kurde lâchée contre eux, et étaient aussi disposés à se défendre contre l'importation du choléra dans leurs villages. Leur physionomie hardie, leur costume pittoresque, les différenciaient complètement des Arméniens vus jusque-là.

HADJINLI. — D'APRÈS UNE PHOTOGRAPHIE.

Avec cette importante et imposante escorte, nous avançons assez rapidement et atteignons le Tekké-Déressi-Sou, bordé de gros saules. Le vallon étroit et sauvage est très boisé. A 1.550 mètres, notre guide s'arrête sur le point choisi, et nous installons notre campement au confluent de deux ruisseaux tributaires du Sarus.

Une certaine détente s'est produite parmi nos gardiens. Les jeunes gens les plus farouches, ceux qui, tout à l'heure, parlaient de nous tuer, viennent me faire leurs protestations de dévouement et parlent de m'accompagner où je voudrais. Mais j'attache aussi peu d'importance à leur soumission qu'à leurs bravades, et ils s'en vont, dépités de leur peu de succès. Un seul d'entre eux, un superbe Hadjinli, pittoresque au possible dans son vêtement bariolé et avec ses longues moustaches noires, est laissé avec nous. Il subira nos dix jours de quarantaine, et devra s'occuper de pourvoir à nos besoins en servant d'intermédiaire avec les gens du pays. Nous ne sommes pas abandonnés malgré cela : nos paysans, n'ayant en nos intentions qu'une médiocre confiance, vont s'établir par groupes de six à huit en face de nous, de l'autre côté du vallon, à droite, à gauche, sur les montagnes environnantes, si bien qu'à peine le soleil était-il couché, que de grands feux illuminèrent soudain le Tekké-Déressi, feux énormes, étant donné le procédé de brûler des arbres entiers. Le froid vif de la nuit exige un grand brasier pour entretenir un peu de chaleur autour de nos inflexibles cerbères. Nous nous voyons, nous aussi, bientôt obligés de faire un feu de bivouac que nos caravaniers et zaptiés installent au bord du ruisseau. Le ciel est clair et scintille d'étoiles. Cette nuit de juillet est si pleine de charme et de sérénité dans ce cadre sauvage, qu'en dépit de notre emprisonnement, nous en jouissons pleinement.

HADJINLI. — D'APRÈS UNE PHOTOGRAPHIE.

Malheureusement, la sécurité, sinon pour nous, du moins pour nos chevaux, n'est pas des plus grandes, car la présence d'un village tcherkesse, que l'on nous a signalé dans le voisinage, tient déjà nos hommes en éveil. Ils ne pourront jamais dormir que d'un œil.

Dès le premier soir, un autre ennui plus grave de notre situation isolée nous apparaît : il s'agit de donner à manger à seize personnes; or, comme aucune provision n'a pu encore nous être fournie, on vivra sur les restes du déjeuner, et aussi sur les réserves de nos cantines de provision. Néanmoins, soldats et caravaniers n'ont pas mangé à leur faim, et tout le monde est allé se coucher avec un reste d'appétit. La journée avait été si rude et si pleine d'émotions que ni les énormes araignées rouges et velues que j'ai vues courir sur les tentes, ni la crainte des Tcherkesses, ni le froid piquant de la nuit ne m'empêchèrent de bien dormir.

. . . .

. . . .

5 juillet. — Nos tentes, rapprochées les unes des autres, sont au nombre de quatre. Celle de M. Boissier, très grande et très confortable, sert le jour de salle à manger et de cabinet de travail; la nôtre, occupée par nos caisses, qui en protègent les murailles de toile et nos couchettes, n'est qu'une chambre à coucher. La troisième est laissée à l'interprète et au cuisinier, lesquels, à titre de compatriotes, se battent toute la journée, le pauvre Pierre étant indignement exploité par le beau Nicolas. Enfin, une grande tente-abri reçoit le gros bagage, les caravaniers et les zaptiés; bien qu'ils préfèrent presque toujours dormir à la belle étoile, ils peuvent voir de là les allées et venues de leurs chevaux parqués tout près d'eux. Les nôtres sont gardés par un palefrenier qui ne les quitte jamais.

En attendant l'arrivée de quelque fonctionnaire, mudir, médecin ou autre, qui viendra nous dire ce que l'on compte faire de nous, nous dormons tard, et, grâce à quelques vivres que l'on est allé chercher chez les Tcherkesses, nous pouvons déjeuner d'œufs frais et mettre du lait dans notre thé. Le village est trop pauvre pour nous fournir en poulets et moutons, fond de la nourriture quotidienne, et nos pauvres caravaniers se pressent mélancoliquement les côtes pour me montrer qu'ils ont l'estomac vide. Je plains le vieil Hassan-Baba et l'exhorte à la patience. « Cela ne fait rien, madame, me répond-il; si tu es contente, je le suis aussi. »

Un Tcherkesse détaché du cordon principal établi sur la frontière des trois vilayets d'Angora, de Sivas et d'Adana, nous a été expédié pour nous montrer que l'on s'occupe de nous. Il nous promet de nous faire envoyer des vivres, seule chose qui nous préoccupe sérieusement pour l'instant.

Les horribles araignées velues me causent un grand tourment. Je souffre en plus d'un coup de soleil sur le visage. Mon mari voit une perspective de quarantaines indéfinies devant son horizon; mais, fort heureusement, nos hommes, même à jeun, sont pleins d'entrain et s'efforcent de nous témoigner leur attachement. Un autre tracas, c'est la santé de Pierre, qui tousse, crache le sang, et nous donne les plus grandes inquiétudes. Il exige beaucoup de soins, et ce repos forcé lui sera certainement utile. A part la visite du Tcherkesse, aucun événement ne marque cette seconde journée d'attente. Comme la veille, nos gardiens s'établissent dans leurs postes haut perchés, où ils chantent pour se donner du courage.

Le froid de la nuit se fait vivement sentir : on se rapproche de l'énorme feu de bivouac, dont les étincelles jaillissent vers le ciel.

Le thermomètre, ce jour-là, avait marqué 42° à 2 heures de l'après-midi et 8° seulement à 2 heures du matin.

Il y a pourtant des malades parmi ces corps roulés dans des couvertures tout autour de nous. Un des guides, le zaptié Ali et Nicolas, sont en proie à la fièvre : il y a eu ce soir grande distribution de quinine.

Le spectacle de ce foyer gigantesque, avec les silhouettes des hommes et des chevaux qui s'allongent démesurément sur le vallon, est fantastique. Les plus expérimentés nous racontent que dans les montagnes voisines, et surtout dans le vilayet d'Adana, les chacals, les lynx, les ours, les cerfs sont très abondants. Cela fait ouvrir de grands yeux au jeune Hassan, «le Bulbul», qui, avec ses seize ans, n'a pas encore beaucoup parcouru le monde et prend ses premiers galons avec nous. Depuis Angora, il ne nous a pas quittés et compte bien que nous l'emmènerons jusqu'au bout, jusqu'à « Haleb », me dit-il avec son beau sourire de dents blanches, tant Haleb Alep lui paraît loin, loin. Quand il monte sur son bourricot en chantant de sa voix claire, et qu'il a mis son beau turban bleu de ciel, Hassan est le plus charmant petit caravanier qui se puisse voir.

. . . .

On ne saurait croire combien la température se modifie rapidement Après des nuits froides à claquer des dents, le soleil apporte, dès huit heures, une chaleur pénible.

Nous voici au troisième jour de notre captivité, et aucune provision de bouche ne nous est parvenue. Nous bénissons à chaque repas les prudentes réserves qui sortent des caisses : conserves de légumes, de viandes, sardines, marmelade de Dundee, toutes choses qui nous font prendre patience, bien qu'elles soient assaisonnées d'un pain acheté il y a plus de huit jours et plus dur que les pierres du ruisseau. Mais nos hommes? Avec la répugnance qu'ils éprouvent, en bons musulmans qu'ils sont, à manger notre nourriture de chrétiens, répugnance augmentée par leur ignorance des conserves en boîte, ils souffrent réellement de la faim et attendent dans un triste silence qu'Allah leur envoie les bons rôtis de mouton, le pilaf, et tous ces mets qu'ils confectionnent à grand renfort de graisse.

AYCHAH. — DESSIN DE GOTORBE.

Enfin ! on nous signale l'arrivée de plusieurs cavaliers. Notre Hadjinli va aux informations, et revient nous dire qu'en effet un garçon pharmacien de Hadjin, faisant fonction de médecin, un officier de police et quatre zaptiés nous sont envoyés par le mutessarif du Khozan, Tewfik-Pacha.

Ces messieurs s'arrêtent à une respectueuse distance de nos tentes, et, comme nous avançons pour savoir plus vite des nouvelles, le pharmacien, avec un geste superbe, nous prie de garder les distances, car nous sommes suspects de choléra, et, comme tels, ils sont envoyés pour nous mettre en observation jusqu'à ce que les dix jours réglementaires soient écoulés.

Le onzième seulement nous aurons le droit de partir!... Le sort en est jeté.

Certes, nous sommes bien gardés et la sollicitude de Fekham-Pacha nous poursuit, car lui seul était en état de télégraphier notre passage et de nous créer ces ennuis.

D'ailleurs, ce même jour, un nouveau cavalier, venu je ne sais d'où, apportait un ordre écrit à nos fidèles zaptiés de rentrer immédiatement à Césarée.

A 300 mètres environ de nos tentes, le pharmacien et les soldats ont dressé leur campement, car ils ont apporté une tente avec eux, et une corde (le cordon sanitaire) a été tendue afin de délimiter notre territoire. La vie que nous menons est aussi dépourvue d'événements que possible. On fait la chasse aux plantes et aux bêtes.

L'herbier de M. Boissier s'augmente considérablement, et les bocaux de M. Chantre s'emplissent de serpents, de lézards, de crapauds, d'araignées. Après midi, réunis dans la grande tente, nous prenons des notes, étudions les cartes, faisons la sieste.

Tous nos hommes sont mensurés et photographiés, le Hadjinli en tête, dont le type martial nous annonce l'approche du Khozan et du Zeitoun.

Des promenades dans les deux vallons qui nous entourent, des grimpades sur les collines où nous allons chercher l'ombre de quelque grand pin, telles sont nos distractions. Il faut y ajouter quelques coups de fusil tirés çà et là à des geais, les seuls oiseaux, avec des perdrix, que l'on rencontre dans ces solitudes boisées.

PETIT TEMPLE PRÈS DE COMANA (PAGE 12). — D'APRÈS UNE PHOTOGRAPHIE.

Dans nos promenades, nous constatons souvent la fréquence du petit arbuste (*astragalus verus*) producteur de la gomme adragante, et que j'ai eu déjà occasion de signaler dans la région d'Urgub et ailleurs.....

Aux hommes de Hadjin, car c'est de là que nous viennent les vivres plutôt que de Schar, pourtant plus rapproché, mais pauvre, notre Hadjinli a recommandé de m'apporter des cerises, et, en effet, un panier de ces petits fruits sauvages a été mis dans les sacoches des mulets à mon intention. Le gouverneur du Khozan, dont le siège est à Sis, mais qui vient en été à Hadjin, veille sur notre approvisionnement, qui à présent nous arrive régulièrement.

Notre gardien nous explique que la passe du Kuru-Bel, l'endroit même où nous avions passé la première nuit, près de la fontaine de Yedi-Oluk, ainsi que le Tekké-Déressi, où nous sommes, sont les lieux regardés comme un centre du brigandage en Asie Mineure, à cause même de leur situation à la limite des trois vilayets d'Angora, de Sivas et d'Adana. C'est là que les bandits se partagent le butin, c'est là qu'ils se réfugient et se mettent à l'abri de la police. C'est là enfin que les caravaniers et les piétons risquent fort d'être dévalisés. Ces méfaits sont commis, soit par les Tcherkesses établis dans quelques villages, au milieu de ces gorges, et qui n'ont pas d'autre occupation que le brigandage, soit par les Avchars installés dans les yaëllas avec leurs troupeaux et qui ne valent pas mieux que les Tcherkesses. J'aurai plus loin l'occasion de dire ce que sont les Avchars.

Ce n'est donc pas pour rien que les gens du Khozan appellent la passe du Kuru-Bel, le « chemin des chiens ». Jamais aucun Européen n'y a été signalé, et la nouvelle de notre arrivée par ce défilé n'a pas été sans étonner profondément les gens de Schar et de Hadjin. L'officier de police et les quatre zaptiés que l'on nous a envoyés sont moins une précaution pour la quarantaine qu'une garde contre les attaques. Le Hadjinli ajoute que nos casques intimident quelque peu les malintentionnés et qu'il est fort probable que les brigands nous laisseront tranquilles.

Cependant, il faut surveiller de près nos chevaux, car il rôde toujours quelques Tcherkesses autour d'eux, et sous prétexte de les admirer, il est à craindre qu'avec leur habileté en la matière, ils ne parviennent à les détacher et à les faire fuir.

Ce soir, nous nous sommes assis en rond autour du foyer avec nos hommes. Depuis que les vivres arrivent régulièrement, sous forme de beaux moutons à queue grasse, de poulets, d'œufs, de yoghourt, de fromage, de miel, les visages respirent la santé et la joie. Bulbul a chanté ses plus beaux airs ; le Hadjinli nous a même montré les danses du Khozan. Puis, tous en chœur, d'une voix d'abord prudente, ils ont dit un très beau chant turc, actuellement défendu. Pénétrés d'émotion, nous écoutions et nous contemplions cette scène pleine de caractère. La lune, dans sa majesté sereine, versait ses blancs rayons sur notre groupe, et le ruisseau, toujours pressé, roulait ses eaux au rythme berceur. . . . .

. . . .

Notre inoccupation énervante commence à nous peser. Le pauvre pharmacien s'ennuie fort aussi. Il vient de temps en temps causer avec nous par-dessus le *cordon sanitaire*. On compte les jours ; il y en a deux encore avant que nous puissions prendre notre envolée.

Un médecin grec de Sis est venu tout exprès pour procéder à cette importante libération. Il a fait ses études en France, par conséquent les bavardages vont leur train.

14 juillet. — C'est cette date mémorable qui se lève sur le jour fixé pour notre départ. En dépit du ciel bleu qui nous convie à filer au plus vite, il faut subir les cérémonies burlesques de la désinfection de nos tentes, de nos bagages et de nos chevaux. Cette désinfection se fait en promenant une pelle dans laquelle brûle du soufre, tout autour des objets et des êtres. Ce n'est pas tout, car à la minute solennelle du départ, le pharmacien se présente, tenant en main une longue liste de frais que nous devons, paraît-il, payer, la quarantaine ayant été créée spécialement pour nous. Ces frais comportent la dépense dudit pharmacien, des soldats et de l'officier de police que l'on nous avait imposés, celle de leurs chevaux et une allocation de tant par jour pour leur salaire de gardiens. Il va sans dire que M. Chantre refusa énergiquement de régler cette note, trouvant suffisant d'avoir payé tous nos vivres trois fois leur valeur, pendant dix jours. Il remit au pharmacien une lettre déclarant son refus formel, et, ceci en règle, la caravane s'acheminait vers Sehar.

On suit le Tekké-Déressi, plus beau à mesure que l'on avance, avec ses collines boisées, pressées et surplombées par les crêtes arides où, çà et là, de grandes nappes de neige brillent au soleil ; avec son ruisseau aux eaux vives, si limpides que l'on peut s'y mirer. Ce vallon charmant, digne de la libre Helvétie, est sillonné par un sentier capricieux qui passe, suivant l'exigence du sol, tantôt dans le lit de la rivière, tantôt sur le flanc de la colline. C'est ainsi que nous arrivons peu à peu à Sehar, village moderne élevé sur l'emplacement de la grande et puissante Comana. Je ne sais si cette passe du Kuru-Bel et le Tekké-Déressi ont été jadis des voies romaines, mais nous n'avons trouvé nulle part trace de bornes, ni de vestiges anciens. D'autres passes, plus faciles, devaient relier Mazaca-Césarée à Comana.

Aux abords de l'antique cité, la vallée s'élargit ; les terres cultivées apparaissent. Nous atteignons un temple romain dont la façade, encore en bon état, se dresse dans la verdure, soudaine évocation d'un brillant passé. Enfin, voici Sehar, que nous avons mis deux heures à atteindre.

(*A suivre.*) Mme B. Chantre.

MON CHEVAL. — D'APRÈS UNE PHOTOGRAPHIE.

au site antique de Flaviopolis, et fut capitale du royaume d'Arménie au moyen âge. Rebâtie et embellie par Léon II en 1186, elle fut le siège du patriarche ou catholicos de la nation arménienne. Puis, après que le dernier roi de la famille des Lusignan, Léon II, eût été dépossédé par les Egyptiens, sous la conduite de Méhémet-Ali, elle devint la proie des Ottomans, et, dès lors, en butte aux incessantes tyrannies des beys du Taurus qui arrivaient à la rançonner et à la terroriser, elle devint ce que devient toute chose dans ce pays, une ville de tristesse et de ruine.

C'est à l'insalubrité du sol, ainsi qu'à la mauvaise administration du pays, qu'il faut attribuer la faiblesse de la population, en nombre et en santé (3.500 habitants), ainsi que les grands espaces incultes laissés dans cette plaine où croissent pourtant facilement la vigne, le blé, l'orge, le riz, le sésame et le tabac. La vigne donne des produits délicieux. La majorité de la population est composée d'Arméniens.

En ce moment, l'évêque de Sis est à Alep, et le couvent se trouve confié à la garde d'un vartabed, vénérable prêtre à belle tête caractéristique. C'est lui qui nous en fait faire la visite. Jadis rival de celui d'Etchmiadzin, il en diffère aujourd'hui à tel point qu'il n'évoque plus d'autre idée que celle d'une ruine. Quelle différence avec le célèbre couvent de la Rome arménienne du pays d'Ararat! Autant celui-ci est riche, florissant, puissant, autant le pauvre couvent de Sis est délabré, ruiné, désolé. Le vieux vartabed aussi est désolé, et ses yeux graves et tristes, ses soupirs, sont des plus éloquents. Le couvent personnifie l'état moral des Arméniens de Turquie, courbés sous un joug farouche et sanguinaire. L'édifice ne présente ni style, ni caractère, bien qu'il soit construit sur l'emplacement et avec les matériaux du palais des Roupéniens, derniers maîtres arméniens de la Cilicie. Tout ici pleure l'ennui et la mort. Sous la conduite du vieux prêtre nous pénétrons dans l'église, assez grande, haute, et dont le chœur est revêtu de vieilles faïences. C'est dans le chœur même que se trouve le puits qui donne la meilleure eau du couvent.

Voici le trône des Roupéniens, orné de l'aigle bicéphale surmonté d'une couronne; il est en marbre sculpté et était orné jadis de pierreries. Actuellement, il sert de siège à l'évêque. La porte de l'église, en bois sculpté, est surmontée d'une inscription arménienne sans intérêt.

Le vartabed nous propose maintenant de nous montrer les reliques précieuses du couvent. Celles-ci ne sont autre chose que la main droite de Grégoire l'Illuminateur, et celle de saint Postoros, du temps de Constantin, toutes deux dorées et fort vénérées.

La bibliothèque, si on peut lui donner ce nom, consiste aujourd'hui en un amas de vieux bouquins poussiéreux posés dans un coin sur des planches. Elle renferme pourtant des documents historiques de grande valeur qui furent catalogués par le savant arméniste Langlois.

(*A suivre.*) Mme B. CHANTRE.

CHÈVRES DU TAURUS. — DESSIN D'A. PARIS.

myrtes et des clématites qui s'enguirlandent partout. On moissonne largement dans cette floraison magique, et nos zaptiés tranchent avec leurs sabres des branches roses et blanches que j'accroche à ma selle et dont je pare mon cheval. Il en est couvert. Sa robe gris d'argent s'harmonise si bien avec les fleurs roses des lauriers, qu'il est à peindre ni plus ni moins avec ses mines badines et l'éclair de son œil noir si vif qui brille sous de longs crins. Il faut voir l'air réjoui des caravaniers en présence du *Kutchuk arslan* ou « petit lion », comme ils l'appellent dans leur langue imagée. Nous faisons une courte halte, près d'une cascade, sous un érable d'où la vue s'étend, sous bois, sur le vallon fleuri, qui ressemble à un jardin abandonné à lui-même, mais qu'auraient habité des fées, au temps où il y en avait.

A l'ombre des vieux arbres poussent fougères et capillaires.

Notre marche se continue dans la féerie de la forêt fleurie, habitée elle aussi par des familles avchares dont quelques-unes s'y sont arrêtées pour reprendre haleine.

Que dire, sans se redire et se redire encore, des spectacles offerts à nos yeux? Ici, des femmes et des jeunes filles nues comme Ève se baignent dans les eaux claires du Kirk-Sou et nous regardent passer sans se troubler nullement. Seuls des rires perlés et des moqueries à notre adresse prouvent qu'elles ne sont point des déesses bien élevées, et que, naïades ou nymphes, leurs épigrammes malicieuses n'épargnent pas la pauvre voyageuse charmée qui les regarde.

LE KEBAZ-BEL (PAGE 21).
D'APRÈS UNE PHOTOGRAPHIE.

Plus loin, au tournant d'un bouquet d'érables, au milieu des myrtes épais, apparaît la tête et les yeux vifs d'un beau taureau aux formes trapues et aux membres courts, comme la plupart des bêtes à cornes du Khozan, et leurs mugissements réveillent de temps à autre la solitude du vallon. Enfin, il n'est pas rare non plus que notre présence soudaine ne mette en fuite des troupeaux de chèvres brunes que leurs jeunes bergers rassemblent à grand'peine. Cette région du Khozan est, comme on le voit, fort curieuse pour le touriste amateur de pittoresque. L'absence de routes praticables pour les caravanes fait que ce sandjak végète et végétera encore longtemps et que la civilisation ne gâtera pas de sitôt ce pays d'une beauté naturelle si pleine de charme.

Le sentier quitte le Kirk-Sou pour s'élever rapidement et franchir une série de cols. L'atmosphère devient lourde et orageuse (33°). Nous allons à pied : les chevaux ont de la peine à se tenir eux-mêmes. Encore trois heures de marche pour finir d'escalader ces derniers contreforts de l'Anti-Taurus qui nous séparent de Sis. Nous avançons accablés de fatigue et de chaleur. Enfin, voici la plaine au milieu de laquelle se dresse un dyke basaltique que couronne le vieux château de Sis, si longtemps réputé inexpugnable. La ville elle-même s'étage au pied du rocher, offrant, avec ses toits plats, un aspect plus remarquable de loin que de près.

Nous avions espéré camper, mais ce serait trop exiger de nos hommes, tellement exténués que nous décidons d'aller demander l'hospitalité au couvent, célèbre jadis, et dont les hautes murailles jaunes, flanquées de vieilles tours en ruine, s'étagent à mi-hauteur de la ville. Encore une ascension fort rude pour atteindre la porte de ce couvent, où enfin on nous donne, dans un bâtiment branlant, quelques chambres pour dormir. Un officier de police prévenu télégraphiquement par le mutessarif nous attendait et nous aida dans notre installation.

Il n'est pas exagéré de dire qu'en été le séjour de Sis est atroce. Cela d'ailleurs, est prouvé, car les habitants et les autorités locales sont obligés d'aller s'établir sur les montagnes voisines pour fuir les fièvres paludéennes. Cette première nuit passée dans le couvent dépasse tous nos plus mauvais souvenirs. Malgré les carreaux manquants aux fenêtres, je me suis éventée toute la nuit pour ne pas être suffoquée, et avant l'aube je dus sortir pour chercher au dehors un peu d'air pur. Je vis du haut de la terrasse du couvent le soleil dorer la plaine et cet amas poussiéreux de masures qui constituent Sis. Triste destinée des choses et des peuples! Sis a été une ville d'une certaine importance et a eu son heure de gloire. Elle répond, dit-on, ce pays, et n'offrent plus qu'un sens dénaturé de l'idée première du culte cataonien. On connaît deux temples élevés à Mâ dans le royaume de Cappadoce, et portant le même nom. L'un en Cataonie, sur les bords du Sarus, et qui ne peut être que celui qui nous occupe en ce moment ; l'autre au Nord, sur les bords de l'Iris. Ce qui donne à la religion cappadocienne un caractère très spécial, c'est la puissance exercée par ses grands prêtres. Ils formèrent une véritable dynastie de prêtres-rois. Aux temples de Cataonie, aussi bien qu'à ceux du Pont, étaient attachés, en outre du grand prêtre, un nombre de serfs estimé à plus de 6.000. Au temple même de la déesse était attachée une grande-prêtresse ayant sous ses ordres une multitude de prêtresses, de prostituées sacrées, de prêtres eunuques, etc.

THÉÂTRE DE COMANA. — D'APRÈS UNE PHOTOGRAPHIE.

Modifiée telle qu'elle a dû l'être, il restait encore à savoir si cette Mâ devait être identifiée à Séléné, à Pallas, à Bellone, voire à Rhéa Cybèle, peut-être même aussi à l'Artémise taurienne. Le caractère farouche et extatique de son culte, les mutilations sanglantes auxquelles se livraient ses adorateurs, puis l'étude des textes et de quelques monnaies, ont entraîné les savants à l'identifier à Bellone. Mais il y a loin, je crois, de cette Bellone guerrière à la divinité qui, sous le nom de Mâ, occupa la première place dans le primitif panthéon cataonien. . . . .

. . . .

Ces lieux témoins d'un culte aussi fervent que le fut celui de Mâ se remplissent pour moi d'un charme étrange. Je me plais à évoquer ces temps païens et les interminables allées et venues des visiteurs accourus de tous les points du royaume pour rendre hommage à la déesse et sacrifier dans son temple. Quel aspect extraordinaire devaient offrir la vallée et la cité en fête aux époques des deux grandes processions annuelles pendant lesquelles on promenait l'idole qu'une foule en délire accompagnait ! Dans ces solennités le grand prêtre ceignait la couronne, et son prestige devenait celui d'un véritable roi... La visite de César, quel événement dans ces lieux sacrés et grandioses ! La chevauchée du conquérant romain faisant retentir les vallées du cliquetis de ses armes et des voix joyeuses de ses guerriers, quel sujet pour un peintre !...

Notre première promenade dans le village nous révèle des inscriptions grecques encastrées un peu partout. Un édifice, temple de petites dimensions, mais en superbe marbre blanc, s'élève au milieu même de Schar, offrant à nos yeux charmés l'élégante silhouette de sa porte encore debout et richement sculptée. Quelques fragments de murs latéraux donnent une idée assez nette de ce que fut cet édifice, dont la reconstitution serait des plus faciles. Tout ce qui est tombé n'offre qu'un amas de fragments de frises, de chapiteaux sculptés avec soin : oves, denticules, perles, rinceaux, feuilles d'acanthes, couront partout, transformant le marbre en une véritable dentelle.

En dehors de cet édifice, on peut dire que les chapiteaux ornés de feuilles d'acanthe abondent dans le village.

Après avoir relevé une inscription grecque qui se trouve sur une pierre cubique dans une rue de Schar, nous partons, munis de nos appareils photographiques, vers le premier temple romain que nous avions rencontré un peu avant le village.

Cet édifice offre encore aujourd'hui deux façades, celles de l'Ouest et du Nord. La façade Ouest se compose d'un soubassement et d'un étage percé de trois ouvertures en plein cintre et surmonté d'un fronton. Ce monument, de 12 à 13 mètres de longueur sur une largeur de 8 à 10 mètres, était entouré d'un mur en gros blocs supportant une colonnade. Les fragments d'une dizaine de colonnes gisent sur le sol. Une seule est restée debout sur son socle. La façade qui devait posséder l'entrée principale est entièrement effondrée. Un fouillis de blocs gisent pêle-mêle sur le sol, entre autres deux stèles funéraires dont l'une porte une inscription, tournée contre la terre. La colonnade était supportée par un soubassement orné d'une moulure sur le pourtour. Les colonnes avaient de 6 à 7 mètres de hauteur : l'une d'elles, couchée, offre une inscription dont les lettres ont 6 centimètres de hauteur. La plupart de ces inscriptions ont été relevées et publiées par les voyageurs qui nous ont précédés.

AVCHARE. — DESSIN DE RIGOT-VALENTIN.

Quel rôle a joué cet édifice que les villageois appellent le « Monastère » ? quels personnages mortels ou immortels a-t-il abrités dans ses murs ? Voilà un point entièrement dans l'ombre. Il est probablement parmi les derniers construits, et c'est à cela qu'il doit son assez bon état de conservation. Pourtant, s'il faut en croire les inscriptions de la colonne et des stèles dédiées à des femmes, il semblerait que l'on est en présence d'un temple consacré à une divinité féminine.

C'est sur les bords du Sarus que se voient les plus importantes ruines, et les eaux du fleuve durent refléter la façade d'un splendide monument, si l'on en juge d'après la longue colonnade encore visible et la façade latérale encore debout, qui offre la même architecture que le précédent édifice. La position seule de ce temple ou palais en indique l'importance. En effet, le Sarus fait un coude au cœur du village actuel, car une terrasse de forme régulière le rejette sur la gauche. Il baigne cette terrasse presque de tous côtés, et c'est dans cette situation naturelle si heureuse que se trouvent les ruines les plus importantes de Comana. Sans aucun doute, résidait ici la déesse dont parle Strabon, ou bien son grand prêtre. C'était le centre de la cité, car à deux pas de là les gradins du théâtre conviaient le peuple aux réjouissances et montrent encore leurs rangées circulaires en assez bon état de conservation. Enfin, des ruines d'édifices de moindre importance sont disséminées tout autour. En partie sur l'emplacement de ce grand édifice, temple ou palais, dont il vient d'être question, une église chrétienne a été bâtie. Elle renferme une inscription grecque que nous copions. A côté de l'église, les restes d'une fontaine sont visibles. L'eau coulait dans un grand bassin en pierre rectangulaire, orné d'une tête de taureau et d'un disque solaire reliés par une guirlande comme certains tombeaux antiques. C'était là, sans aucun doute, une source importante et qui alimentait l'édifice avec son nombreux personnel de prêtres, de serviteurs, etc. En la regardant, aujourd'hui tarie et envahie de ronces, on peut laisser son imagination vagabonder à son aise sur le néant des choses humaines ; il n'en reste pas moins frappant que ces œuvres du paganisme grec et romain sont encore, dans tout l'Orient, les seuls vestiges d'art et les plus admirables.

Un autre temple, de petites dimensions, en forme de rectangle arrondi dans le fond, se voit à quelque distance de Schar. Les murs sont en blocs de marbre taillés, à grand appareil, et la muraille ronde, en pierres maçonnées. Une stèle gît sur ce point ; elle porte des inscriptions sur ses trois faces. Non loin de ce petit édifice, qui a pu être un tombeau de famille, ou un temple dédié à une divinité particulière, coule une source abondante, fraîche et délicieuse, entourée elle-même de fragments de colonnes dont l'une porte une inscription très fruste, et des débris de murs. Cette fontaine a joué, elle aussi, un rôle d'une certaine importance, et ses eaux jouissaient de vertus connues des pèlerins. Des ombrages formaient aux alentours un bosquet charmant où l'on devait aimer à s'asseoir, après que les cérémonies et les rites étaient accomplis.

Dans leur délabrement, ces ruines de Comana ont encore quelque chose de vivant. On peut facilement reconstituer par la pensée cette cité sainte qui, sur une faible étendue de territoire, offrait un si grand nombre d'édifices élégants : temples, palais, habitations des desservants. Tout indique que la ville de MÂ fut un séjour important et fréquenté, surtout à l'époque gréco-romaine. Parmi les vestiges de cette époque, il faut citer une mosaïque que l'on nous mène voir dans une des pauvres masures modernes, dont elle forme le dallage. Cette mosaïque, en bon état, est ornée d'une guirlande de fleurs combinées avec des dessins assez grossiers ; le centre est décoré d'un oiseau aux ailes repliées et qui ressemble à une perdrix.

. . . .

La chaleur est forte et le temps presse. Deux jours à Schar suffisent pour nos études, et notre satisfaction nous fait oublier les précédents ennuis.

Nous quittons de bonne heure Comana et marchons sur Hadjin, le chef-lieu du Khozan, en suivant la vallée du Gueuk-Sou, qui n'est pas toujours commode pour notre caravane. Elle avance à la file indienne, sur des rochers glissants et par une montée assez rapide. Cette vallée du Sarus est très-pittoresque. Tandis que, sur la droite, se dressent les crêtes dénudées et encore neigeuses du Dede-Bel, sur la gauche s'échelonnent des sommets couverts, par exception, d'une luxuriante toison de forêts. Jamais rivière ne mérita mieux son nom de « Bleue » et ne mira plus heureusement l'azur du firmament. Nous avançons, enchantés, dans la vallée qui va en s'élargissant.

Au village de Khasta-Khané, dont le nom vient de la présence d'un hôpital, nous nous arrêtons pour photographier quelques femmes dont la coiffure caractéristique rappelle celle des Turkmènes de l'Asie centrale.

Le costume de ces femmes est pittoresque et ressemble à celui des Kurdes, par le pantalon bouffant, la tunique fendue sur les côtés, la ceinture haute, les bottes en cuir. Seule la coiffure diffère, ainsi que les ornements d'argent et les bijoux, qui sont très originaux. Dans son ensemble, cette coiffure, enveloppée d'une étoffe blanche, est haute et ferme. Des ornements en argent y sont appliqués et pendent le long des joues. Les teintes rouge, bleue, blanche des étoffes donnent aux vêtements un aspect très typique et bien en harmonie avec la physionomie dure des femmes qui les portent. Celles-ci nous ayant renseignés sur la position de leur campement d'été, nous

LE VILLAGE MODERNE DE SCHAR.
DESSIN DE TAYLOR.

nous y rendîmes en deux heures. Ce village est peuplé d'Avchars presque tous partis, en ce moment, pour les pâturages d'été. Il ne reste que quelques familles chargées de faire les moissons. Le camp d'été occupe un grand emplacement, couvert de kibitkas rondes faites en roseaux et en tapis, comme celle des Turkmènes.

Le chef, un Avchar de race pure, nous dit-on, nous offre l'hospitalité dans sa tente, très pittoresquement décorée de feutres et de bandes de tapis tissées par les femmes, qui y mêlent des coquilles d'un joli effet.

On ne sait pas encore au juste à qui rattacher ces bandes nomades ou semi-nomades, répandues surtout dans le Taurus cilicien, où elles exercent, dit-on, pas mal de rapines et de brigandages. Ce sont assurément les débris d'un de ces nombreux peuples cappadociens que les invasions successives ont balayés, dispersés aux quatre vents de l'Asie, et chez qui un vague souvenir de pratiques et de croyances du passé se mêle à celles d'aujourd'hui. Ils se disent Turcs, villageois du Khozan, et font les plus grandes difficultés pour être photographiés et mesurés. Ce n'est donc pas sans peine et surtout sans d'abondantes paroles que nous parvenons à recueillir quelques mesures et quelques portraits. Enfin, las de leurs puces et de leurs discussions, nous remontons à cheval pour nous acheminer sur Guzelim, où l'on nous a dit que nous trouverions bonne eau, bonne herbe, bon campement.

HADJIN (PAGE 20). — DESSIN DE TAYLOR.

Nous marchons sous une chaleur torride et apercevons quelques villages tcherkesses, semés çà et là pour tenir en éveil les habitants arméniens et même turcs, qui tremblent sans cesse sous la menace de leurs méfaits.

Les tentes sont dressées non loin du Gueuk-Sou, qui déroule son cours sinueux et argenté dans la vallée, devenue moins attrayante et sans arbre. Nous passons la nuit à Guzelim (1.150 mètres). La température s'est beaucoup abaissée durant la nuit (8° à trois heures du matin) ; je sors transie de ma tente, pour chercher les rayons du soleil levant. A six heures, on se met en route pour Hadjin, en suivant l'Ambar-Déressi, petite vallée arrosée par l'Ambar-Sou et coupée par de nombreux petits ruisseaux. Nos chevaux suivent plus souvent le lit des torrents que les sentiers. En trois heures, nous atteignons une magnifique cascade, appelée Tchatchak, qui ruisselle d'un gros rocher. C'est cette source qui donne naissance à la rivière d'Hadjin. Le Tchatchak roule ses eaux torrentueuses sur un lit de roches, en formant des cascatelles, et dans une vallée très encaissée. Bercés par le chant des cigales, et sous une chaleur de 33°, nous descendons à présent, et, depuis que nous sommes au-dessous de 1.200 mètres, nous voyons autour de nous une végétation toute différente : frênes, peupliers, noyers, grenadiers en fleur et figuiers poussent sur les bords du Tchatchak.

A mesure que l'on approche d'Hadjin, la végétation devient plus exubérante. Des maisons émergent çà et là de la verdure. Enfin, au détour du vallon apparaît, à pic sur un rocher, un coin du nid d'aigle qui s'appelle Hadjin, bâti au-dessus de la rivière sur des rochers noirs, abrupts et sauvages. Une agglomération de masures noires en torchis et en bois, donne à ce site un aspect inattendu et presque farouche. On sent que l'âme guerrière et indépendante du Khozan est personnifiée par ce lieu, dont il se dégage une impression de force redoutable en même temps que d'âpre poésie.

Les ruelles sont raides et difficiles pour les chevaux. Après les avoir gravies péniblement, nous redescendons au bord de la rivière, où s'élèvent la maison du gouverneur, les bureaux de poste et de l'administration, dans le voisinage desquels est établi le campement.

Une des premières personnes dont nous fîmes la connaissance fut Tewfik-Pacha, le mutessarif de Sis, en villégiature avec sa famille à Hadjin, et qui s'était occupé de nous pendant la quarantaine du Tekké-Déressi.

Tewfik-Pacha est un homme aimable et bien élevé, qui parle très purement le français. Il nous annonce le premier la mort tragique de notre regretté président Carnot, et nous apporte la série des numéros du *Temps* relatifs à cet odieux attentat.

PORTE D'UN TEMPLE À COMANA (PAGE 15). — DESSIN DE GOTORBE

Hadjin, situé à 1.050 mètres d'altitude, compte environ 3.000 maisons arméniennes. Les habitants en sont sauvages, hautains, peu hospitaliers, et nous sommes loin d'y trouver ce que nous cherchions en approvisionnements de tous genres. Le vin le meilleur n'est autre que du bon vinaigre, et tout est à l'avenant. Nous sommes chez des Spartiates. Ces farouches montagnards n'attachent vraiment de l'importance qu'à leur indépendance, relative aujourd'hui, puisque les Turcs ont fini par prendre ce pays héroïque; mais cependant le service militaire n'a pas encore été imposé aux hommes de Zeitoun et du Khozan.

Chose curieuse, c'est de trouver dans ce nid d'aigles un couvent de femmes tenu par des religieuses arméniennes catholiques. Celles-ci me font une visite au campement et me disent qu'elles ont deux cents jeunes filles dans leur maison. Elles parlent très correctement le français, qu'elles ont appris à Versailles. Jusqu'au cœur du Taurus cilicien, je retrouve cet amour pour la France et ce besoin de parler notre langue, chez ces infortunés Arméniens massacrés sans pitié (ceux-ci entre autres), en dépit des appels désespérés qu'ils nous faisaient à travers l'espace!

. . . .

A Hadjin nous souffrons cruellement de la chaleur : 35° à l'ombre et pas d'air, voilà pour le jour. La nuit est pire, à cause des mouches innombrables qui nous assaillent dans la tente. Cela nous promet des moments pénibles jusqu'à Adana. Tout le monde nous prévient que le trajet jusqu'à Sis, de jour, est tout ce qu'il y a de plus fatigant.

. . . .

Le 18 juillet, à cinq heures du matin, la caravane s'ébranle. C'est par le défilé de Keraz-Bel que nous comptons atteindre Sis. Nous avons pris quelques hommes supplémentaires à Hadjin, car les sentiers sont si mauvais que chaque cheval de charge doit être conduit à la main.

On s'engage de nouveau dans la petite vallée arrosée par le Tchatchak-Sou. Partout la vigne est cultivée. On continue de descendre les échelons de l'Anti-Taurus qui dominent encore la plaine de Sis. Il fait une chaleur caniculaire dans ce petit vallon du Tchatchak, dont les eaux limpides roulent au milieu de la verdure de ses rives, peuplées de bruissantes cigales; aussi il m'arrive de dodeliner de la tête, à moitié assoupie par les rayons du soleil et cet étonnant bruit de vie invisible qui s'échappe des bêtes, des végétaux et de la terre elle-même.

Bientôt cependant je suis tirée de ma torpeur par la rencontre du Sarus, toujours si merveilleusement bleu, qui se réunit ici avec le tapageur et bien nommé Tchatchak. Ce confluent se présente dans un pays frais et agreste : nous mettons pied à terre pour faire quelques photographies.

Les montagnes assez élevées qui enserrent le Gueuk-Sou sont boisées et cultivées sur une certaine hauteur. Mais les cultures appartiennent à des villages éloignés et rares, car nous ne rencontrons pas souvent des êtres humains. La caravane traverse un mauvais pont jeté sur le Gueuk-Sou, et suit dès lors un imperceptible sentier qui s'élève rapidement en contournant les lacets capricieux du Sarus, dont çà et là des morceaux azurés apparaissent dans l'épaisse verdure qui tapisse le fond de l'étroite gorge du Keraz-Bel. La marche devient pénible, et des passants que nous croisons sont recrutés, séance tenante, pour nous aider. On ne s'imagine pas ce qu'est la marche de nos chevaux, assez lourdement chargés, sur ces sentiers abrupts et glissants. Les uns trébuchent, se blessent; quelques mulets, pourtant grands et forts, se jettent par terre furieusement pour se débarrasser de leur charge. Ce sont les mauvaises têtes de la caravane, ceux-là : un surtout, magnifique bête, que nous croyions une excellente acquisition et qui, grâce à son détestable caractère, on est arrivé à ne porter qu'un léger paquet de tapis et de feutres, tandis que ses infortunés compagnons ploient sous leur charge, accrue encore de la sienne.

LA ROUTE DANS LE KERAZ-BEL. — D'APRÈS UNE PHOTOGRAPHIE.

A présent, c'est la vallée du Dokham-Sou qui s'ouvre devant nous. Montées, descentes, se succèdent dans un cadre grandiose de montagnes enchevêtrées. Arrivés à la fontaine appelée Dokham-Pounar, nous faisons halte quelques instants afin de laisser respirer les chevaux, car le plus difficile leur reste à faire. De ce point, on jouit d'une vue étendue sur le Keraz-Bel tout entier, et nous contemplons — non sans une certaine fierté — le chemin parcouru depuis le matin : il nous apparaît comme un étroit couloir serpentant entre une succession de vallées dont les plans se terminent au fond par les montagnes d'Hadjin. La splendeur de ces monts, la beauté du ciel, la difficulté de la route vaincue nous sont autant de joies, autant de satisfactions intimes, qui font oublier peines, chaleur, soif. D'ailleurs, la fontaine de Dokham donne une eau délicieuse, que nous buvons avec plaisir avant de nous remettre en selle. Et puis nos excellents chevaux se distinguent vraiment dans ces mauvais chemins. Le mien, dont la grâce juvénile fait mes délices, est particulièrement courageux. Nous respirons à présent un air pur et vif et approchons d'une montagne au sommet enveloppé de brumes. De nombreux arbustes, vénérés, couverts de chiffons, se rencontrent le long du sentier qui nous élève rapidement et nous permet de jouir d'une vue splendide sur le massif de l'Anti-Taurus, dont les fonds se perdent dans des teintes bleutées. Pas de villages. Seuls de vieux pins et de vieux genévriers saluent notre passage. Encore un coup de collier et nous atteignons le col du Keraz-Bel, à 1.470 mètres. Le nom de « Keraz-Bel » signifie le « défilé des cerisiers », pourtant cet arbre y est plutôt rare ; en revanche les poiriers sauvages y sont en abondance. Il est près de midi. Les sommets de 2.000 mètres et plus qui nous entourent restent dans d'épaisses brumes : celles-ci nous gagnent du reste assez vite, tandis que des rafales de pluie fine nous frappent tout à coup au visage.

PLAINE DE KAPAN. — CONFLUENT DU TCHATCHAK ET DU SARUS. — D'APRÈS UNE PHOTOGRAPHIE.

Dès lors, les arbres de haute futaie succèdent aux pins et une superbe végétation forestière fait son apparition. Des troupeaux paissent dans le lointain sur ces hauteurs qui nous rappellent un paysage jurassien. Nous nous asseyons, après sept heures de marche, sous un sapin blanc centenaire, pour prendre un repos bien gagné. Seuls, nos chevaux gardent un air malheureux, car il n'y a ni eau ni herbe sur ce point. Nous comptons aller camper au village de Kapan que nous gagnerons par le Khan-Boghassi (défilé du Khan). Le chemin est des plus pittoresques, mais toujours fort difficile pour les chevaux. Il faut aller presque tout le temps à pied. Autant l'eau est abondante sur le versant septentrional, autant elle se fait rare sur le versant méridional, en pente plus douce.

L'étape est fort rude aujourd'hui. Il me semble que ce Kapan ne se montrera jamais. Enfin, il apparaît. Ses abords sont couverts de buissons de houx et de grenadiers en fleur. C'est fort joli, mais nous sommes las, et seule la vue de nos tentes blanches que nos braves caravaniers, en avance sur nous, ont déjà dressées, nous semble bonne et digne d'être contemplée. Avec les nombreux arrêts nécessités par la photographie nous avions mis dix heures pour venir de Hadjin à Kapan.

Le village de Kapan, peuplé de Turcs et d'Arméniens, est à 1.040 mètres d'altitude et s'élève dans une sorte de haute plaine entourée de toutes parts par des montagnes couvertes de brume.

Au milieu de la plaine, sous un arbre magnifique, une bande d'Avchars a pris asile et repos. Leurs habits bariolés, leurs feux de bivouac, les mugissements de leurs troupeaux assemblés autour d'eux, joints aux cris des enfants, constituent, au soleil couchant, un de ces inoubliables tableaux que l'Orient réserve à ses visiteurs amoureux de couleur locale et de plein air.

En contemplant ces scènes de la vie patriarcale, je bois à longs traits un lait écumeux que, suivant mon habitude, je réclame dès mon arrivée au camp. A peine installés, le drogman et le cuisinier s'en vont au prochain village demander aux paysans lait, œufs, poulets, moutons, qu'on leur paye, à leur grande joie, en belle monnaie sonnante. Mais cela met le dîner à une heure tardive, et c'est presque toujours à la clarté de la lune et à la nuit complète que nous nous attablons, sur le seuil de la tente, ou à l'intérieur s'il fait trop frais, éclairés par une grosse lanterne en toile.

Lorsqu'à l'aube je sortis de la tente, les nomades avaient pris déjà leur envolée.

. . . .

Encore une rude étape pour atteindre Sis.

A trois heures du matin, le branle est donné. Le chemin passe par un bois de lentisques et de petits térébinthes avant d'entrer dans l'Ada-Déressi. Le temps brumeux est extrêmement humide. Une véritable forêt se présente devant nous. Elle renferme des platanes, des houx, des pins à feuillage très léger, des érables, des figuiers, des arbres de Judée, des lauriers, des myrtes, de la vigne sauvage. Les montagnes, formées de schistes argileux, offrent une exubérante végétation. La forêt est ravissante à cette heure matinale. Les myrtes en fleur embaument l'air; les pins atteignent de grandes proportions : c'est, sans contredit, le plus charmant moment du voyage, et que de plantes intéressantes pour un botaniste dans le riche écrin de la forêt!

VALLON DE KIRK SOU. — DESSIN DE TAYLOR.

La descente sur Sis s'opère insensiblement avec quelques mauvais passages sur la roche. Pour animer cette route idéalement pittoresque, on a le spectacle des caravanes et des familles avchares qui se rendent dans les yaëlas avec leurs troupeaux et leurs juments de race. Celles-ci, objet de soins attentifs, sont accompagnées de leurs poulains. Nous échangeons de nombreuses salutations, de nombreux *Allah esmarladeq*, « que Dieu te protège »!

Les hardes aux nuances éclatantes, les grandes silhouettes des chameaux lourdement chargés, jettent dans la verdure une note si vive de couleur et de vie que l'on se prend à regretter de n'avoir pas une palette et un pinceau pour en fixer la fugitive impression.

Une surprise plus agréable encore nous attendait, car un cri d'admiration jaillit soudain de nos poitrines à la vue d'un ruisseau coulant en cascades au milieu d'une épaisse végétation de lauriers et de myrtes en fleur. Les Turcs l'appellent le *Kirk Sou*, « le ruisseau aux quarante lacets ». C'est le plus merveilleux coin de la terre que l'on puisse rêver. Nous avons la tête alourdie par le parfum des pas épargnée, et ses décombres se sont ajoutés à ceux des Romains. Avant d'entreprendre notre promenade dans les ruines splendides qui, à travers tant de siècles, viennent encore témoigner d'un fastueux passé, disons ce que l'histoire nous a rapporté de ces temps lointains où le paganisme régnait dans toute l'Asie.

Les documents précis sur cette région ne font leur apparition que très tard, avec l'occupation romaine; par conséquent le pays de Cappadoce avait déjà, à cette époque, beaucoup perdu de son cachet et de ses idées primitives par suite des conquêtes diverses qu'il avait eu à subir. Antérieurement à la domination assyrienne, de laquelle, il est vrai, les Cappadociens reçurent la plus grande partie de leur civilisation; antérieurement à la conquête perse et à celle d'Alexandre et des Romains, les Cappadociens, dont on sait à peine l'exacte origine ethnique, mais que l'on suppose avoir été un mélange de peuples aborigènes autochtones et de Syriens, ne pouvaient être, et n'étaient en réalité, que des hommes grossiers. Endurcis par le climat et le pays lui-même à la vie la plus rude, ils étaient adonnés à la culture d'un sol ingrat. Celui-ci ne suffisant pas à subvenir à leur existence, l'élevage du bétail, des animaux domestiques en général, notamment les mulets, les ânes, les moutons, les chèvres, devint — dès la plus haute antiquité — leur occupation principale. Tels ils sont encore de nos jours. Pasteurs, agriculteurs, sédentaires ou demi-nomades; isolés sur leurs hauts et froids plateaux, ils ne pouvaient pas être un peuple aimant les arts et cultivant les lettres. Aussi leur ignorance a-t-elle toujours été prodigieuse et leur inaptitude aux langues et aux belles manières leur a-t-elle valu jadis maintes épigrammes de la part des beaux esprits de la Grèce et de Rome.

Tandis qu'avec la domination assyrienne s'introduisait chez eux le culte d'Anaïtis et qu'avec les Perses pénétrait celui du feu, il reste manifeste que les Cappadociens gardèrent toujours l'attachement le plus sincère pour leurs divinités indigènes, à qui ils élevèrent des temples grandioses, plus tard, sous les Romains.

Parmi les noms de leurs dieux les plus chers qui nous sont parvenus par les auteurs latins, qui se sont empressés soit de les dénaturer, soit de les identifier avec leurs propres divinités, il semble que ceux de Mên et de Mâ soient les deux plus grands. Mên serait, s'il faut en croire les interprétations, le dieu mâle identifié avec la lune, et Mâ, la grande déesse, quelque chose comme la Mère de l'humanité. Il ne faut pas chercher chez ces peuples rudes le symbolisme voluptueux des autres divinités de l'Asie. Leurs dieux ne pouvaient être que puissants et forts. Toutefois il semble presque certain que, sur ces hauts plateaux, la divinité féminine a joué un rôle prépondérant. A l'heure actuelle, les seuls vestiges authentiques de ces âges reculés, ceux qui n'ont subi ni interprétations ni changements suivant les conquêtes, ceux enfin qui me paraissent les seuls dignes de foi, ce sont ces sculptures rupestres, œuvres certaines des antiques populations de cette partie de l'Asie. On remarquera qu'à Boghaz-Keui, à Euyuk d'Aladja, à Fraktin, à deux pas de Césarée, c'est une femme qui semble jouer le rôle principal. A Boghaz-Keui, elle est debout sur un léopard; ailleurs elle est assise, mais dans l'un et l'autre cas elle est vêtue de longues robes aux plis rigides. Était-ce la même femme que l'on adorait, sous le nom de Mâ, à Comana, dans un temple? Personne ne pourra jamais l'affirmer, parce que le temple primitif, s'il a existé, a dû, depuis des milliers d'années, tomber en poussière, et ce que les Grecs et les Romains ont vu, ce que Strabon rapporte est déjà bien loin du temps où les Cappadociens-Hétéens taillaient leurs sculptures rupestres très probablement contemporaines du choix de Comana comme cité sacro-sainte. Qui sait même si l'idée d'enfermer leur déesse dans un temple n'est pas venue aux Cappadociens avec la domination assyrienne, et si ce n'est pas à cette époque seulement que fut construit le premier édifice de ce genre? Il faut admettre que ces « temples splendides » dont parle Strabon ne furent élevés qu'assez tard, sous les influences diverses qui ont régné sur

RUINES D'UN TEMPLE. — D'APRÈS UNE PHOTOGRAPHIE.

SIS : LE COUVENT (PAGE 23). — DESSIN DE TAYLOR.

EN ASIE MINEURE[1].

CILICIE.

PAR Mme B. CHANTRE.

II

Schar moderne et Comana antique. — La cité sacro-sainte de la déesse Mâ. — Vallée du Gueuk-Sou (Sarus). — Avchars. — Arrivée à Hadjin. — Le Khozan et ses habitants. — Départ pour Sis. — Le Keraz-Bel. — Ses difficultés. — Kapan. — Derniers contreforts de l'Anti-Taurus. — Marche difficile. — Sis, son monastère et ses ruines.

Le petit bourg moderne de Schar, dont la création ne remonte pas à plus de quarante ans, est peuplé d'Arméniens venus de Hadjin et n'offre rien de particulier comme aspect. Il se présente dans une vallée basse, arrosée par le Sarus, dont les eaux bleues coulent rapides et bruyantes. Un des habitants aisés nous ayant offert sa demeure, nous nous y installons rapidement, afin de parcourir au plus tôt le site fameux, but principal de notre visite. A peine a-t-on mis le pied hors du logis qu'on est frappé par la richesse des débris qui jonchent le sol et qui entrent même dans la construction des maisons. Les fragments antiques sont ici en une telle abondance qu'il faut bien admettre la présence dans ces lieux — aujourd'hui presque déserts — d'une ville riche en palais et en temples.

COLONNE À COMANA.
DESSIN D'OULEVAY.

En dépit de l'abord difficile de cette cité, enfermée comme un joyau précieux dans le ravissant écrin qu'est la vallée supérieure du Sarus, on s'explique mieux le choix d'un semblable point pour l'établissement d'une ville, que celui de *Pterium*, de *Tavium*, d'Euyuk et autres cités antiques importantes de l'Asie Mineure.

Le paysage actuel donne seulement une faible idée de ce qu'il devait être à l'époque où les temples de Comana étaient l'objet de la vénération des Cappadociens, car le déboisement a beaucoup changé l'aspect du pays. Les collines, qui aujourd'hui n'ont plus que quelques traces de forêts, devaient être autrefois couvertes de verdure, et une source de fraîcheur pour les habitants. L'existence même de cette bourgade moderne n'aura eu qu'une éphémère durée. Les récents massacres qui ont ensanglanté le Khozan ne l'ont

1. *Suite. Voyez p. 1.*

CAMPEMENT TZIGANE AU BORD DU SIHOUN OU SARUS (PAGE 30). — DESSIN D'OULEVAY.

EN ASIE MINEURE[1].

CILICIE.

PAR Mme B. CHANTRE.

III

En route pour Adana. — Les bonnes routes de Turquie. — Une nuit mouvementée. — Adana. — Dislocation de la caravane. — Mersina. — La douane et ses vexations. — A bord de la *Gironde*.

ARMÉNIENNE DE SIS.
DESSIN DE BIGOT-VALENTIN.

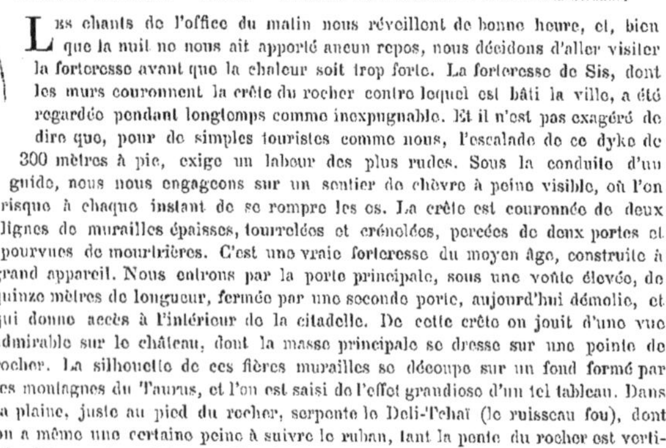

Les chants de l'office du matin nous réveillent de bonne heure, et, bien que la nuit ne nous ait apporté aucun repos, nous décidons d'aller visiter la forteresse avant que la chaleur soit trop forte. La forteresse de Sis, dont les murs couronnent la crête du rocher contre lequel est bâti la ville, a été regardée pendant longtemps comme inexpugnable. Et il n'est pas exagéré de dire que, pour de simples touristes comme nous, l'escalade de ce dyke de 300 mètres à pic, exige un labeur des plus rudes. Sous la conduite d'un guide, nous nous engageons sur un sentier de chèvre à peine visible, où l'on risque à chaque instant de se rompre les os. La crête est couronnée de deux lignes de murailles épaisses, tourrelées et crénelées, percées de deux portes et pourvues de meurtrières. C'est une vraie forteresse du moyen âge, construite à grand appareil. Nous entrons par la porte principale, sous une voûte élevée, de quinze mètres de longueur, fermée par une seconde porte, aujourd'hui démolie, et qui donne accès à l'intérieur de la citadelle. De cette crête on jouit d'une vue admirable sur le château, dont la masse principale se dresse sur une pointe de rocher. La silhouette de ces fières murailles se découpe sur un fond formé par les montagnes du Taurus, et l'on est saisi de l'effet grandiose d'un tel tableau. Dans la plaine, juste au pied du rocher, serpente le Deli-Tchaï (le ruisseau fou), dont on a même une certaine peine à suivre le ruban, tant la pente du rocher est verti-

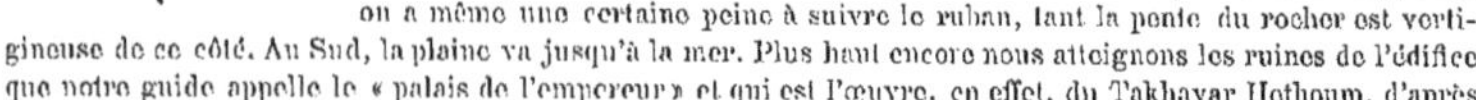

gineuse de ce côté. Au Sud, la plaine va jusqu'à la mer. Plus haut encore nous atteignons les ruines de l'édifice que notre guide appelle le « palais de l'empereur » et qui est l'œuvre, en effet, du Takhavar Hethoum, d'après

1. *Suite. Voyez p.* 1 *et* 13.

l'inscription arménienne qu'il renferme et que Langlois a traduite autrefois. A partir de ce point, le rocher descend rapidement vers la plaine, au Sud. Du haut du palais, nous distinguons très bien, dans la plaine, les ruines importantes d'Anazarbe, auxquelles, faute de temps, nous ne pouvons pas rendre visite. Cette ville, distante de 25 kilomètres seulement de Sis, possédait, à l'époque de la domination romaine, de magnifiques aqueducs à colonnes. Rebâtie par Justinien, après des tremblements de terre qui l'avaient détruite en partie, elle a gardé, paraît-il, à peu près intacts, ses murailles et ses palais. On y voit un arc de triomphe colossal, des colonnes, des tombeaux, des bas-reliefs sculptés.

Assis sous une des fenêtres voûtées du palais, nous contemplons, du haut de cet observatoire, la plaine poussiéreuse où se pressent tant de vestiges du brillant passé de cette partie de l'Asie. Que de beaux ouvrages et que de difficultés pour le seul transport de ces matériaux ! On est obligé d'admirer la hardiesse et le courage de ces constructeurs inimités. Leurs œuvres, dignes de géants, font un singulier contraste avec celles des habitants actuels du pays, qui, eux, ne sont pas même capables de réparer leurs masures de terre, et laissent tomber mosquées et églises !

C'est en devisant et philosophant de la sorte, que nous reprenons haleine, sous l'ombre protectrice de la fenêtre du vieux palais roupénien. Le ciel bleu pâle, incendié de lumière sur nos têtes ; à nos pieds la plaine roussie ; à nos côtés le guide qui nous raconte les légendes de ces ruines. Une soif ardente dessèche notre gorge et attriste cette halte. Le guide nous avait promis de nous mener à une petite source froide qu'il connaissait dans le palais, disait-il. Hélas ! la source était tarie, depuis peu sans doute, par suite d'éboulements récents, et nous n'avons trouvé qu'un peu d'eau croupie. Mais il faut partir, le soleil monte toujours, et la descente, presque périlleuse, s'effectue je ne sais comment. Une fois encore mon casque et mon couvre-nuque n'ont pu me protéger contre l'insolation, et j'arrive au couvent pour me jeter sur mon lit, en proie à une fièvre ardente.

. . . .

Les gens de Sis nous ayant vivement engagés à faire en voiture le trajet jusqu'à Adana, la route étant *excellente*, nous nous sommes décidés à laisser nos caravaniers emmener les chevaux à la main jusqu'à Adana, et nous avons commandé dans cette dernière ville un landau qui va nous emmener, car nous voyagerons la nuit, afin d'avoir plus frais. Le moment de la dislocation de la caravane approche. Nous comptons vendre nos chevaux à Adana. Malgré les rudes étapes du Taurus, ils sont en parfait état. Pendant que nous activons le départ, une procession de malades et d'aveugles défile devant nos yeux.

A dix heures le landau vient nous prendre : nous y montons, et disons adieu aux belles montagnes du Taurus, dont la ligne harmonieuse se découpe sur le fond rouge du ciel embrasé par le soleil couchant. Adieu aussi à la fière citadelle, ainsi qu'au vieux monastère qui nous fut hospitalier. Un zaptié galope près de notre voiture et se renouvellera de poste en poste. La nuit vient assez vite et, comme

VUE DES DERNIERS CONTREFORTS DE L'ANTI-TAURUS. — DESSIN DE TAYLOR.

elle est sans lune, il nous faut aller doucement, la chaussée étant loin d'offrir ce bon état dont on nous avait parlé. Au contraire, plus nous avançons et plus nous constatons, aux heurts de la voiture, l'état lamentable de cette *excellente* chaussée, défoncée, sans ponts, vrai casse-cou dans la nuit sombre. Heureusement, la lune paresseuse apparaît, fort brillante, et vient très à propos remplacer les lanternes qui manquent à notre landau. En Turquie, les lanternes aux voitures sont aussi rares que les ponts sur les rivières : on s'en va à la grâce de Dieu.

A chaque instant nous mettons pied à terre pour parcourir des taillis de lentisques qui recèlent peut-être dans leur mystère on ne sait quel trou, quel ruisseau caché, quel pont effondré. J'écarte avec les mains les branches fleuries de ces lentisques, car j'avance, pour ma part, avec une méfiance inquiète, m'attendant à mettre le pied sur quelque bête immonde, serpent, crapaud, et je maudis les voyages nocturnes qui vous réservent de pareilles transes. Notre marche est égayée par les cris des chacals, très nombreux dans cette région, et par la vue, à droite et à gauche, de nombreux feux indiquant des campements de Yuruks. Cette plaine aride et déserte, de 65 kilomètres de longueur, qui sépare Sis d'Adana est, en effet, le séjour préféré de ces hordes turcomanes auxquelles se mêlent pas mal de Kurdes et que l'on désigne sous le nom de Yuruks, qui veut dire « marcheurs », c'est-à-dire « nomades ».

FORTERESSE DE SIS. — D'APRÈS UNE PHOTOGRAPHIE DE M. ALFRED BOISSIER.

Ces bandes jouissent d'une mauvaise réputation; aussi, à la faveur de la nuit, l'imagination de nos caravaniers, se donne-t-elle libre carrière. Ils nous ont rejoints et ne veulent plus marcher sans nous. Les récits d'assassinats et de méfaits attribués à ces Yuruks font dresser les cheveux sur la tête de notre cocher, qui n'est déjà pas très rassuré.

Il faut huit heures pour atteindre le Khan-Déressi, relais où nous prenons des chevaux frais. Dès lors, le terrain devenant de plus en plus mauvais, les incidents se multiplient, et dans maintes circonstances la voiture ne se tire d'affaire que grâce au coup de main prêté par ces messieurs. Quelle nuit! et quelles scènes burlesques à côté du tragique de certaines situations! Une fois, nous roulions si fort en arrière que nous échappâmes, par miracle, à une chute dans un ravin. Mon mari, pourtant, ne s'en tira qu'avec un bras à demi démis. Notre cocher, aussi inexpérimenté qu'étourdi, fait bêtise sur bêtise. Plus loin, un cheval tombe, casse ses traits, et cela demande du temps!

Allah soit loué! voici le soleil qui se lève, peu à peu, au milieu d'un cortège de teintes d'un rose très pâle sur un bleu très fin. Ce spectacle apporte une diversion à nos misères, et jamais l'astre du jour ne fut salué avec plus de joie par de plus fervents admirateurs. Nous nous serions volontiers prosternés dans la poussière pour remercier le Créateur. A droite de la route s'étend l'Anti-Taurus, qui s'en va vers la mer, déroulant le gradin de ses chaînes et de ses crêtes; à gauche, les premiers contreforts de l'Amanus profilent leur silhouette encore lointaine. Crêtes et chaînes, baignées dans la brume matinale, revêtent des teintes rapidement effacées à mesure que monte l'astre radieux.

A sept heures du matin, nous apercevons la plaine d'Adana et, au fond, la ville elle-même, pareille à une oasis.

La chaussée désormais court à travers des plantations de vignes, de riz, de coton, bordées de poivriers et de néfliers. On a tout de suite l'impression d'un changement complet de pays. On peut dire, en effet, que, le Taurus franchi, on est transporté dans une contrée tout autre : la végétation, les types sont ceux de la Syrie. Nous croisons, sur la route, des Arabes qui passent fièrement campés sur leurs chevaux, la tête ceinte de la corde brune. Enfin, à ma grande joie, quelques palmiers dressent leur tête élégante au-dessus des maisons d'Adana, ajoutant cette note poétique, et artistique aussi, que ces arbres donnent toujours à un paysage d'Orient.

Le Sihoun ou Sarus, large sur ce point, et toujours d'un beau bleu d'azur, longe la ville, que nous atteignons en traversant un grand pont en pierre.

VUE D'ADANA. — DESSIN DE TAYLOR.

Adana s'élève sur une légère ondulation de terrain, dans une vaste plaine extrêmement fertile grâce aux trois grands fleuves qui l'arrosent : le Cydnus, le Sarus et le Pyramus. Elle est à 20 mètres seulement au-dessus du niveau de la mer. On estime à 45.000 le chiffre de ses habitants, y compris une population flottante de 12 à 15.000 ouvriers qui y viennent, chaque année passer deux ou trois mois pour la décortication et le nettoyage du coton. Les habitants se composent de Turcs, d'Arméniens, de Grecs de la Cappadoce et des îles. Son origine remonte aux temps fabuleux. Étienne de Byzance raconte que deux frères, fils d'Uranus, et nommés Adanus et Sarus, prirent possession de ce pays et donnèrent leurs noms, l'un à la ville qu'ils élevèrent, l'autre au fleuve qui l'arrose.

Xénophon mentionne Adana dans sa *Retraite des Dix Mille*. Mais c'est sous l'occupation romaine que cette ville jeta le plus d'éclat. Les empereurs la visitèrent, et Justinien y éleva des monuments publics. Le beau pont de pierre que l'on traverse pour entrer à Adana lui est attribué.

Adana est une ville de bonne apparence et fort animée, avec son bazar assez grand et très bien fourni. L'aspect en est asiatique, et la population bigarrée des rues est intéressante pour le voyageur : les Tziganes, les fellahs, les nègres y sont fort nombreux. A l'ombre, dans le bazar, le thermomètre marque vers le milieu du jour 30°. Cette chaleur humide d'Adana et de tout le sandjak favorise les grandes cultures de coton, de canne à sucre, d'opium, qui sont la richesse du pays. Mais ses nombreux marécages sont une cause d'insalubrité pour les habitants, aussi vont-ils chercher, durant l'été, un refuge dans la montagne.

Nous nous rendons directement au grand hôtel de la ville, situé dans le bazar et tenu par un Grec, le seul, du reste et qui, au fond, n'est qu'une vulgaire auberge.

Mais il a des chambres assez propres, et je crois que l'on pourra y vivre, surtout en nous servant de nos couchettes.

C'est là seulement que nous laissons le landau. Il a mis 15 heures pour accomplir les 65 kilomètres qui séparent Sis d'Adana.

Dès notre arrivée, nous entrons en pourparlers pour la vente de nos chevaux. Les transactions ne sont pas faciles, et l'absence d'un agent français dans cette ville se fait vivement sentir.

Après un repas qui nous prouve par sa variété que nous rentrons dans la vie civilisée et banale des hôtels, nous faisons une rapide toilette, car il faut remplacer aussi la tenue de cheval par celle de la rue, mon casque par un léger feutre clair. Nous allons ensuite au bazar acheter des parasols et des éventails, car ces deux ustensiles sont devenus indispensables. Tout cela se fait très vite et aisément, mes progrès dans la langue turque me permettant de faire mes achats moi-même, sans le secours de l'interprète, fort heureusement. Chemin faisant, nous passons devant la plus belle mosquée d'Adana, Oulou-Djami, construite par Rhamadan-

Oglou. Cette mosquée, vraiment élégante, se compose de deux bâtiments, l'un pour l'été, l'autre pour l'hiver. Le premier n'est autre chose qu'une grande galerie ouverte, et dont les arcades sont enguirlandées de vignes, tandis que les parois intérieures sont revêtues de superbes faïences de Koutayèh. La mosquée d'hiver est non moins richement ornée de faïences, les plus belles que j'aie vues en Asie Mineure. Elle possède un minaret élevé et une grande porte en assises de marbre noir et blanc alternées d'un très bel effet. A part cette mosquée ancienne, les monuments d'Adana, dépourvus d'architecture, sont d'une absolue banalité. Les mosquées, les collèges musulmans, ainsi que les églises et les écoles chrétiennes, y sont assez nombreux. Les Pères Jésuites français possèdent à Adana une école fréquentée par 200 enfants de toutes nationalités auxquels ils enseignent le français et le turc. Les Sœurs de Saint-Joseph y ont également une école florissante. Si l'on ajoute à cela la présence dans cette ville de nombreux *khans*, de deux hôtels, d'un hospice d'aliénés, de fabriques d'huile de sésame, de drap pour habillements militaires, de feutres, celle d'usines à vapeur pour l'égrenage et le décortiquage du coton, ainsi que l'existence de 35 moulins à blé, échelonnés sur les rives du Sarus, on verra qu'Adana, avec son bazar bien achalandé, est une ville en voie de prospérité et contraste vivement avec toutes celles précédemment parcourues.

Les toits plats des maisons sont tous pourvus de grandes cages en bois dans lesquelles des lits sont installés : c'est là qu'en été dorment les habitants. Cette animation des toits est fort curieuse à regarder le matin, de bonne heure, lorsqu'a lieu le lever de tout ce monde qui rit, cause, au milieu des cris des bébés que les mères habillent.

Le sandjak d'Adana renferme un assez grand nombre de tribus errantes, parmi lesquelles ces Yuruks dont j'ai parlé déjà et des Tziganes kurdes, qui ne font peut-être avec ces derniers qu'une seule et même famille. La présence d'un nombreux camp de Tziganes, aux abords d'Adana, nous ayant été signalée, nous ne pouvions manquer de leur faire une visite, d'un grand intérêt pour M. Chantre. C'est sur le bord même du Sihoun, opposé à la ville, que se dressent les petites tentes misérables, ou plutôt les abris sur pieux, donnant asile aux nombreuses familles du camp. C'est assez tôt le matin que nous arrivons en voiture. En mettant pied à terre, nous sommes tout de suite frappés de l'animation extraordinaire qui règne parmi les nomades. Les femmes font ici la toilette des petits, qui hurlent pour ne pas être baignés. Là, elles préparent une cuisine infernale. Quelques-unes, plus jeunes, dansent, en ondulant, sans presque bouger de place. Celles-ci vont, tout à l'heure, se répandre dans les rues du bazar, où elles mendieront, danseront et provoqueront par mille agaceries la charité des passants. Les sons du tambour de basque résonnent bruyants et joyeux, et les plus beaux types d'hommes et de femmes se montrent dans cette foule débraillée et endiablée.

VUE D'ADANA — DESSIN DE TAYLOR.

Les femmes sont toutes tatouées comme des Bédouines : leurs yeux noirs pétillent. Vives, intelligentes, elles m'entourent et me harcèlent de questions. Puis elles me racontent qu'elles viennent du Kurdistan, et qu'elles ont visité beaucoup de pays. Beyrouth provoque surtout leur admiration et occupe la meilleure place dans leur souvenir, tandis qu'Adana est, me disent-elles, trop chaud et trop ennuyeux.

« Sais-tu l'arabe ? me dit la plus futée d'entre elles.

— Non, dois-je répondre modestement. — Sais-tu le grec ?

— Non, dis-je en courbant la tête. — Ah ! pauvre, tu ne sais rien ! » s'exclama l'une d'elles en me prenant en pitié. Le turc, que nous employons pour converser, ne compte pas pour ces polyglottes.

Des fleurs, sortes de clématites odorantes qui poussent à travers le camp, attirent mon attention. Aussitôt les bambins, pour la plupart nus comme des vers, et la peau déjà bronzée, moissonnent à pleins bras, sur l'ordre de leurs parents, ces belles fleurs, dont ils remplissent notre voiture sans demander le plus petit para en récompense. Puis, c'est une grand'mère, au superbe type, jeune encore d'ailleurs, qui nous amène une fille pâle et mince, orpheline, et très souffrante. « Toi qui es médecin, dit-elle à mon mari, donne-lui quelque chose qui la guérisse. » Hélas ! M. Chantre ne possède guère le moyen d'arrêter les palpitations douloureuses dont se plaint la pauvre enfant, type accompli de ce genre de beauté tzigane, aux yeux et cheveux sombres, au teint ambré, que l'on a si souvent vanté.

Mais ces femmes, ces mères, ces filles de brigands, ont dans les yeux, pour la plupart, un je ne sais quoi de farouche et de canaille qui révèle leur trempe et dépoétise leur charme réel. Des hommes, que dirai-je ? Les uns fort beaux, les autres fort laids, souvent métis étranges de noirs, de blancs, de toutes les races, leurs

PONT SUR LE SIHOUN. — D'APRÈS UNE PHOTOGRAPHIE.

traits révèlent toujours leurs instincts de crime et de rapine. Il n'y a pas un front pur, pas une conscience nette dans cette étrange population.

Les Tziganes réclament vivement que nous allions saluer leur chef, dont la tente, grande et confortable, se dresse au bord du Sihoun. Nous refusons d'abord de faire cette politesse, étant donné la vilaine réputation de cet individu, sorti de prison depuis peu ; mais les femmes insistent tant et me supplient de venir voir la propre femme du chef, souffrante et couchée. Celle-ci est, en effet, étendue sur des matelas, hors de la tente, où la chaleur l'incommode. Âgée de vingt-cinq ou vingt-six ans, elle est brune comme toutes les autres, pâle et légèrement tatouée sur le front et au menton. Son mari se tient accroupi sur le seuil de la tente, très digne. Il nous salue poliment et nous offre un verre de limonade que nous refusons. Cependant, la vue de sa fille, une petite gamine de onze ans, déjà femme, en jupes longues, avec des fleurs sur le coin de l'oreille et un air si impertinent et si impérieux, me donne envie de la photographier et de prolonger notre visite. Elle refuse, trépigne, tire la langue, et ce n'est que sur l'ordre de son aimable père que, frémissante encore et la lèvre dédaigneuse, elle soumet sa petite personne à l'immobilité. En partant, le chef me recommande de lui envoyer une épreuve que j'adresserai, me dit-il, à Abdul-Kerim, à Adana. « Tout le monde me connaît », ajouta-t-il d'un air bonhomme qui me fit froid dans le dos.

Enfin, après avoir pris quelques photographies du Sarus, animé par les incessantes traversées de caravanes d'ânes, de buffles, nous remontons en voiture, disons adieu à nos Tziganes déguenillés et allons déjeuner ; après quoi, nous allons faire une courte visite à une ferme des environs dont on disait des merveilles. On suit la route de Mersina, large et plantée de bambous magnifiques, de figuiers de Barbarie, d'élanthes, et encombrée d'aliants et de venants, qui appartiennent au quartier fellah établi le long de cette route.

Cette ferme, en effet, possède, en outre de spacieuses dépendances, un immense jardin, remarquable par la variété de ses cultures et leur bon entretien. Une abondance d'eau courante en fait un véritable paradis, et, dès l'entrée, un bois touffu d'orangers et de citronniers nous protège contre l'ardeur des rayons du soleil. Des néfliers du Japon, des verveines hautes comme des arbres, des grenadiers, des mûriers aux proportions énormes, des noyers aussi, des pêchers, des poiriers, des pommiers, des amandiers, des myrtes et des lauriers, forment une succession de quinconces et de bosquets qui nous conduisent jusqu'à la ferme que l'on nous fait visiter. De nombreuses corbeilles de fruits et de légumes, prêtes pour le marché et le chemin de fer offrent l'aspect réjouissant des couleurs éclatantes de tous ces produits d'un sol fécond et bien cultivé.

GRANDE MOSQUÉE D'ADANA (PAGE 20). — DESSIN DE J. LAVÉE

Nous allons nous asseoir sur la margelle d'une grande noria qui amène une eau fraîche et abondante, et nous nous apprêtons à faire honneur à un panier de raisin que l'on vient de nous apporter.

A regret, nous quittons cet Eden pour reprendre le chemin de la ville.

Une visite nous reste pourtant à faire, car nous nous arrêtons chez le vali, dont la maison de campagne est précisément située sur cette route. Le vali est absent. Son beau-frère nous reçoit. Il est installé sur la terrasse de la maison avec quelques amis. Au moment de notre arrivée, ces musulmans peu rigides dégustaient leur petit verre de raki en contemplant l'apparition des étoiles. On nous fait place, et, après un assaut d'amabilités, l'un d'eux se met à dire des chansonnettes françaises qui nous prouvent que les boulevards parisiens leur sont assez familiers. Médiocrement intéressée et surtout terrassée par un accès de fièvre, je hâte le départ. C'est en claquant des dents, dans la nuit tiède que j'arrive à l'hôtel, non sans avoir remarqué de nombreux feux de bivouac appartenant aux familles campées en plein air dans cette admirable mais pernicieuse végétation des campagnes d'Adana.

Il était dit que le repos ne nous serait pas donné de sitôt, car l'aspect du ciel, d'un noir d'encre, et l'état électrique de l'atmosphère ne faisaient rien présager de bon pour la nuit.

En effet, un vent violent se mit à souffler, des éclairs sillonnèrent le ciel, et les familles dormant sur les terrasses, surprises soudain par l'enlèvement des toiles qui les abritaient, se levèrent en hâte, les enfants pleurant, les femmes criant; tous les pauvres gens mettant un bruit de rumeur sur la ville endormie. Les récents tremblements de terre qui ont éprouvé Constantinople sont présents à tous les esprits. La violence du vent ébranle les maisons, notre hôtel frémit sur sa base; aussi nous habillons-nous à la hâte, prenons notre argent et notre menu bagage le plus précieux, et allons attendre dans la rue que le cataclysme se produise. Fort heureusement, l'orage s'éloigne, et la terreur des habitants cesse devant une soudaine accalmie et une pluie bienfaisante.

. . . .

LA FILLE DU CHEF TZIGANE (PAGE 30). — DESSIN DE GOTORBE.

Nos bons caravaniers, payés et contents, sont venus nous faire leurs adieux, car ils vont effectuer leur retour sur Angora : longue étape qui leur réserve plus d'un ennui, sinon rien de pire. Leurs témoignages d'amitié et de dévouement nous touchent, car nous les savons sincères. Nos chevaux sont vendus, sans perte, comme nous l'espérions. Le mien a été acheté par une dame turque. Je le vois partir non sans un serrement de cœur.

Malgré les jours si sombres passés au milieu de l'épidémie cholérique, malgré aussi l'injuste expulsion du territoire ottoman dont nous rendait victimes un iradé du Sultan; en dépit des quarantaines, des fatigues et surtout de la chaleur pénible de la plaine cilicienne, nous emportons un vif souvenir de la traversée de l'Anti-Taurus. Le charme et la beauté de ses gorges solitaires, et pourtant pleines de vestiges d'une antique civilisation, nous ont profondément frappés. Les défilés sauvages peuplés de nomades et de brigands, la végétation merveilleuse de ce coin de terre attireront — longtemps encore — le voyageur, artiste ou savant, en quête de nature vierge. Ici, l'Agence Cook n'a pas mis son sceau sur les choses et les gens. Les touristes aimant la grande toilette et le dîner à heure fixe ne sont pas prêts de s'y donner rendez-vous. Il faut compter sur soi et laisser libre cours à son instinct de combativité pour l'existence.... Je pensais à tout cela en voyant

MOULINS SUR LE SARUS. — DESSIN DE GOTORBE.

partir nos caravaniers. Les mois de vie commune avaient tissé entre nous tous un lien invisible, si bien que le départ, en le brisant, nous laissait sous une impression de pensées rétrospectives et mélancoliques, d'ailleurs vite effacée par la perspective — non sans charme — du prochain retour. « Adieu donc mes bons amis Hassan-baba, Bulbul, Moustapha, Mehemet, etc. Adieu, nous reviendrons, *inch'alla* » ; — car il faut leur promettre que nous reviendrons. — « Que Dieu verse sur vous ses bénédictions », nous disent-ils encore avant de s'en aller au pas mesuré de la caravane.

L'heure du retour a sonné, et l'on ne songe plus qu'à le hâter. Nous prenons le train pour Mersina. La voie est assez bonne, les voitures confortables, et le pays traversé offre partout de belles cultures, notamment de coton. A une heure d'Adana, on laisse sur la gauche la ville de Tarse, et les ruines encore existantes de l'antique capitale cilicienne sont à tel point cachées dans la verdure des jardins, qu'il est impossible d'en rien voir, pas même le fameux tombeau de Sardanapale. Seul, un pan de mur en petites briques, de construction antique, se dresse au bord de la voie. Des palmiers surgissent çà et là des jardins, et leur silhouette n'est certes pas un des moindres attraits de cette région. Enfin, nous traversons le Cydnus sur un pont en fer. Les eaux troubles du fleuve ne justifient pas, aujourd'hui, du moins, l'imprudence d'Alexandre le Grand, qui faillit y trouver la mort en s'y baignant précipitamment. On arrive à Mersina, noyée aussi dans la verdure et baignée par la mer bleue, dont la vue me cause une véritable joie.

Mersina est un petit port heureusement situé, prospère, mais sans grand charme particulier. A part sa population bariolée, — Arabes, Ansariés, nègres y sont aussi nombreux que les Turcs, — rien n'attire l'attention du touriste. Dans le port, des voiliers, quelques barques de pêche et quelques mahonnes se balancent sur les flots azurés. Cette ville, de création récente, a pris une rapide extension; elle s'étend chaque jour davantage et prend rang parmi les ports importants de la Méditerranée.

Le bateau des Messageries qui doit nous emmener n'étant pas encore arrivé, nous prenons gîte dans un hôtel situé au bord de la mer, et dont la propreté est assez satisfaisante. En ce moment, la ville est vide de ses fonctionnaires et de ses habitants aisés. Tout le monde a fui la chaleur et la fièvre, et est allé s'établir dans les campagnes adossées à la montagne. Seul, le drogman du Consulat de France nous accompagne dans nos promenades, d'ailleurs vite faites.

Malgré sa faible étendue, on sent l'importance future de Mersina au nombre des églises qui s'y dressent et qui appartiennent à tous les cultes, ainsi qu'aux consulats de toutes les nations qui y sont établis et dont les couleurs flottent dans la blanche et ardente lumière des rues.

Le drogman, M. Cubbé, nous conduit dans un jardin qu'il possède et où, comme à Adana, une exubérante végétation pousse à souhait. Les cultures en sont confiées à une famille de jardiniers ansariés. Ce sont ces Ansariés, appelés aussi fellahs, qui ont en main les travaux agricoles dans toute la région d'Adana. Ils sont doux, hospitaliers, laborieux, quelque peu mystérieux en ce qui concerne leurs pratiques religieuses, car, bien que reconnus officiellement comme musulmans, ils ne sont pas traités par ceux-ci comme des frères, mais comme des idolâtres. Leurs sympathies vont plutôt aux Européens. Durant nos promenades, nous faisons maintes photographies, rendues fort difficiles, car les rues les plus animées sont celles du bazar, et elles sont abritées par de grandes toiles qui les obscurcissent beaucoup trop pour les instantanés.

27 juillet. — La *Gironde*, des Messageries, est arrivée ce matin de bonne heure. Notre gros bagage est embarqué, et notre tour est venu de monter dans l'embarcation qui doit nous conduire jusqu'au navire, mouillé assez loin du port. Mais une dernière et suprême vexation nous restait à subir avant de quitter le pays turc. Les douaniers arrivèrent en véritable nuée au moment où nous mettions le pied dans le bateau, nous arrachèrent des mains nos valises et se mirent en devoir d'étaler sur le sol boueux et sale leur contenu. Un à un, tous nos objets de toilette, linge, vêtements, flacons, savons, passèrent entre leurs mains. Avec une grossièreté et une brutalité sans pareille, ils firent main basse sur quelques menues antiquités et monnaies qui y étaient renfermées et dont une partie nous fut rendue beaucoup plus tard. C'est le cœur soulevé de dégoût que nous quittâmes l'Anatolie et vîmes s'éloigner la côte de Mersina. Arrivés à bord, non sans peine, car les barques ont à lutter contre de forts courants et sont, à cause de cela, montées par plusieurs rameurs, nous avons, du moins, la joie de fouler un sol français en touchant le plancher du bateau des Messageries, dont les officiers nous font un gracieux accueil.

Notre cabine est grande, éclairée à l'électricité. Ce retour à la vie civilisée nous est un grand soulagement. Peu de passagers se sont embarqués, par conséquent la vie sur le bateau est tranquille. Le temps est chaud et lourd : nous faisons route sur Samos.

Un beau spectacle nous est donné le soir, au coucher du soleil, car nous doublons l'île de Rhodes et passons assez près d'elle pour voir très nettement la ville avec son superbe château aux vieux murs crénelés, les rues, même, et les passants. Le site est magnifique, et nos yeux restent braqués sur Rhodes jusqu'à ce que l'obscurité complète soit venue. La navigation à travers les îles de l'Archipel se fait la nuit, malheureusement, et malgré notre désir de jouir de la calme beauté de ces heures nocturnes, si grande est notre fatigue, si ébranlée notre santé, que nous prenons à regret le chemin de nos cabines. Le matin, de bonne heure, j'aperçois, par mon hublot un coin de la belle masse verte de l'île de Samos, qui se dresse tout près de nous, baignée par une mer d'huile. Nous longeons la côte, où apparaissent des groupes de maisons blanches : c'est Carlo-Vassy. Le navire stoppe, car nous avons à embarquer ici une quantité de tonneaux du fameux vin de Samos. Le site de Carlo-Vassy s'étage gracieusement sur des collines. C'est dimanche, et la population grecque de l'endroit vient en barque visiter notre bateau : grande distraction pour ces insulaires. Malheureusement ces gens ne brillent ni par leur beauté, ni par le pittoresque de leur costume. Les jeunes gens sont endimanchés comme nos paysans des environs des villes. Seuls quelques vieux portent le pantalon large et le fez particulier aux Grecs des îles. Pendant ce temps les tonneaux de vin, par un primitif et ingénieux mode de transport, naviguent de la terre au navire, où ils prennent, non sans bruit, le chemin de la cale.

LA TOILETTE DES PETITS TZIGANES (PAGE 29). — DESSIN DE GOTORBE.

Le soir venu, au moment où nous pensions aller à terre, une forte brise s'élève et nous empêche de partir.

Il n'y a rien à voir, d'ailleurs, à Carlo-Vassy, et la vue que l'on a de la mer, avec les belles montagnes découpées et verdoyantes de Samos, est bien le meilleur souvenir que l'on puisse en emporter.

On fait dans l'île, comme chacun sait, une énorme quantité de vin. Il existe entre Carlo-Vassy et Vathy une ligne télégraphique et téléphonique, mais il n'y a aucune route à l'intérieur. L'île est gouvernée par un Grec reconnu par le Sultan. Il n'y a pas un musulman à Carlo-Vassy.

UN BUFFLE. — DESSIN D'A. PARIS.

En une heure et demie nous atteignons Vathy, chef-lieu de l'île. Là, le docteur Luys, qui est allé à terre, nous rapporte la peu agréable nouvelle qu'une quarantaine a été établie à Clazomène pour les provenances de Mersina, on pourrait croire en notre honneur, car c'est la *Gironde* qui est frappée la première : la quarantaine date de son départ.

Notre compagnon, M. Boissier, pris d'un grave accès de fièvre, moi-même fort malade depuis notre embarquement, nous nous voyons privés encore du plaisir de faire une promenade à Vathy. Le soir venu, étendue sur une chaise longue, je jouis longtemps de la délicieuse immobilité du bateau, sur une mer idéale, en face du panorama charmant de Vathy, dont les maisons blanches se mirent dans l'eau, pâles et silencieuses dans leur sommeil, sous l'œil discret d'une infinité de veilleuses célestes.

La douceur d'une telle nuit apporte un peu de répit à nos maux. Nous ne sommes pourtant pas les seuls malades à bord, car parmi les rares passagers de la *Gironde* se trouvent M. Courtellemont, l'intrépide visiteur de la Mecque, et son Arabe, le fameux Hadji-Akli, lequel est en proie à de terribles crises du foie. Ses cris et ses plaintes retentissent parfois dans la nuit silencieuse.

Réveillée de bonne heure par un gamin qui chante à plein gosier une mélodie grecque sous mon hublot, je vois défiler devant mes yeux, car le bateau a repris sa marche, les côtes riantes de Samos et ses montagnes verdoyantes, où se devinent des vallées et des gorges rappelant celles de la Suisse.

La *Gironde* poursuit sa route à travers l'Archipel et vient stopper en face de Smyrne, dans l'attente de son arrêt. Le docteur part pour accomplir les formalités de la santé : nous guettons son retour, et le pavillon qu'il amène. Hélas ! trois fois hélas ! c'est l'affreux pavillon jaune : nous allons subir notre troisième quarantaine. La *Gironde* rebrousse chemin et vient jeter l'ancre devant Clazomène.

Clazomène, pauvre île brûlée par le soleil, n'offre aux yeux désenchantés du voyageur qu'une masse roussie, sans arbres, et quelques masures grisâtres d'aspect aussi peu gai que le reste, et qui sont le lazaret. Je crois que ce serait la mort pour moi s'il me fallait rester là les cinq jours de notre captivité !... Celle-ci s'est achevée sans que nous ayons eu, excepté M. Chantre et les passagers valides, une notion quelconque du temps ni de l'ennui de notre immobilité, car nous étions trop malades pour cela. Je veux revoir pourtant, pour la seconde fois dans la même semaine, l'entrée du golfe de Smyrne, si mouvementé et si remarquable par la couleur verte de ses eaux. J'assiste à un beau coucher de soleil sur les maisons blanches du quai. Aux rayons rouges qui éclairent les collines et la mer succède brusquement la nuit, escortée de la lune, dont le mince croissant vient se mirer dans un coin du port, au milieu de quelques vieux bateaux sombres. Autre heure, autre charme pour celui qui aime la nature et ses changeants aspects.

Dans l'attente d'un bateau qui doit nous mener à Constantinople, et à cause de l'heure tardive pour aller à l'hôtel, nous restons à bord, et passons une nuit atroce, dans l'infernal tapage du bateau faisant sa provision de charbon.

Le matin venu, nous allons à terre et nous nous installons dans un hôtel de la ville, où je reçois bientôt la visite du médecin de l'hôpital français, le docteur Nois, que mon mari est allé chercher dès notre débarquement.

Une journée passée à Smyrne, et les soins du docteur, ayant apporté un peu de mieux dans mon état, on m'embarque à bord de la *Reine Olga*, *Olga Karoleva*, beau bateau russe, tout neuf, qui fait le service d'Odessa à Alexandrie. En ce moment il va nous ramener à Constantinople, où nous voulons obtenir certaines explications au sujet de notre expulsion avant de rentrer en France, bien que ce serait mille fois préférable de retourner directement chez nous.

Le navire est luxueusement aménagé et la propreté la plus remarquable y règne, grâce, il est vrai, à son commandant, qui veille à son bon ordre d'un œil plus sévère que celui de la plus stricte maîtresse de maison. A part cela, il y a à bord une discipline militaire très raide, et en dépit des tentures de peluche vert mousse du salon, en dépit du superbe piano qui l'orne et dont M. Boissier tire de délicieux accords, la vie est triste sur la *Reine Olga*.

De Smyrne à Constantinople le trajet s'effectue vite et par un beau temps. Toujours étendue, je jouis béatement du repos si nécessaire après nos marches à cheval prolongées sous un ciel trop souvent torride. Pour la première fois, mon corps surmené finit par s'avouer vaincu, et, actuellement, il me faut ménager cette pauvre machine, qui ne veut plus marcher à l'unisson de ma volonté.

Voici Constantinople! J'entends le branle-bas de la manœuvre de l'entrée du Bosphore, toujours difficile, même pour les capitaines les plus expérimentés. En amoureuse de la nature, surtout de celle du Bosphore, je reste la dernière à descendre, emplissant mes yeux de toute la splendeur des rives et des collines, attristée pourtant à la vue des minarets décoiffés par les récents tremblements de terre...

La ruine du vieux et superbe bazar de Stamboul me fut encore plus sensible. Ce n'est que devant les palissades établies partout dans les ruelles aux voûtes écroulées, jadis si pleines de vie, de couleur éclatante, que je compris le désastre dont ce quartier éminemment turc avait été frappé. Je cherchais mes marchands établis aux alentours. Leur tristesse était profonde. L'âme de Stamboul ne réside pas seulement dans ses mosquées : le bazar en avait certainement une part. Aussi cette destruction soudaine d'un des plus grands et des plus beaux marchés du monde musulman n'a-t-elle pas été sans impressionner profondément la masse populaire.

Tout n'était pas fini ici avec le tremblement de terre, car si nous avions ressenti au printemps, en Grèce, la première commotion du cataclysme, nous eûmes à subir pendant notre séjour, à différentes reprises, des secousses légères, mais qui nous rappelaient que nous étions sur un sol en révolution.

Mme B. CHANTRE.

VUE DE VATHY (PAGE 35). — D'APRÈS UNE PHOTOGRAPHIE.

www.ingramcontent.com/pod-product-compliance
Ingram Content Group UK Ltd.
Pitfield, Milton Keynes, MK11 3LW, UK
UKHW020242220726
13923UKWH00002B/787

9 782019 692995